# 貸出業務の信《しん》質《しつ》

## 貸出業務に携わる人の矜持

吉田 重雄 著

一般社団法人金融財政事情研究会

# はじめに

貸出業務を担当しているYさんは、夏目漱石の『草枕』の冒頭の一節を読み始めました。「山道を登りながら、こう考えた。智に働けば角が立つ。情に棹させば流される。意地を通せば窮屈だ。とかく人の世は住みにくい」。

そしてアッと思いました。「貸出の仕事を担当して、こう考えた。理詰めで正論をいえば、煙たがられる。常識外れな命令や無茶な目標数値に相槌を打つと、自分自身を見失ってしまう。論理的に筋論を意地張って主張すると嫌われる。あ～ぁ、貸出業務はむずかしい」。

貸出業務において、自分はどこに問題があるかわかっているが、行内のさまざまな事情や上下関係やそれぞれの人の立場等を考慮すると、問題解決のために動こうと思っても、自分の思うとおりに物事は進まないとぼやき、嘆いている人がいると思います。いま、あなたの銀行の貸出業務は真っ当に行われているでしょうか。

「政治は力である」と政党内閣を誕生させた原敬元総理の言葉があります。一方、「政治は倫理である」と喝破したのは、関東大震災の復興を成し遂げた後藤新平元東京市長の言葉です。そして、自民党副総理を務めた故後藤田正晴氏は次のような言葉を残しています。「次の世代を考えるのが政治家、次の選挙を考えるのが政治屋だ」。

昨今、銀行における貸出業務に携わっている人をみるとき、銀行家というより銀行屋といわれる行動をとっている人が多いように感じます。貸出業務の遂行に際して道徳や倫理観は薄れ、「数字は力である」というように収益至上主義・成果主義の悪い部分が目立ちます。故後藤田正晴氏の言葉を借りていえば、「貸出先のことを考えるのが銀行家、目標数値の達成だけを考えるのが銀行屋」といえるのではないでしょうか。現在、銀行で貸出業務に携わる人たちの行動をみるとき、貸出業務の本質を忘れ、目標数字のことだけを考える銀行屋と呼ばれるような人が多いのではないでしょうか。真に貸出先のことを考えて行動する銀行家と呼べる人はどれほどいるでしょうか。

元住友銀行役員故大島堅造氏は著書『一銀行家の回想』(一九六八年、日本経済新聞社)で次のように書いています。「私の心配するものは、今の銀行員諸君が、銀行業とはこんなものだ、と思い込むことだ。現状は全くアブノーマルだ。これをノーマルに戻すのが、将来のわが銀行業を背負って立つ諸君の任務であることを、心に銘記してほしい」(同書三二八頁)。この文章が書かれたのは四〇年以上も前であり、時代背景や経済情勢は現在と大きく異なりますが、いまの時代にも通用する指摘ではないかと思います。

この本を手にしたあなたは、銀行で貸出業務に携わっている自分について、自分が行っている仕事はこれでよいのだろうか、自分は何のためにこの仕事をしているのだろうか、このようなことを行ってよいのだろうか、これからの自分はどうなるのだろうか、というさまざまな疑問や悩みを自分に問い掛けたことがあると思います。それは、目標数値の達成のために、倫理的に疑問をもちながら、あるいは貸出先に迷惑をかけているという意識がありながら、今の手法に仕方なく迎合し追従しているだけの自分を恥ずかしいと思っているからではないでしょうか。

そのような問い掛けに対して、自分なりに答えを見つけ出そうとして論理的、あるいは倫理的に考えるとき、その考え方と現実の間に存在するギャップにぶつかると思います。あなたがぶつかった壁は、毎日繰り返している実際の仕事であり、組織のなかにいる自分の立場ではないでしょうか。あなたが、自分が行っている貸出業務について問題点を認識したとき、また組織の目標と個人の考え方との間にギャップやコンフリクトを感じたとき、あなたはそれをどのように解決したらよいと考えますか。

あなたは人間として成長していくプロセス・舞台を、銀行という職場を選びました。二〇歳代の青年期から五〇歳代の中高年齢期までの約三十数年間、あなたは銀行における仕事を通して自分を見つめ、自分を成長させ、人生における自己目的の実現を図ることになります。だれもが、子供のときから青年期にかけて人間としての自分の存在を意識する自我意識に目覚めるように、あなたも銀行における仕事を通して、職業人あるいは組織人としての自我意識に目覚めるときがくる、あるいは目覚める機会があるはずです。

貸出業務を遂行するに際し、自らの立場に伴う責任と役割について自ら主体的に考えることなく、あなたは本部役員・部長として現場に出す指示命令の内容について、これでいいのだろうかと疑問をもったことはありませんか。あるいは、現場にいる支店長、役席者、担当者として、本部から来る目標数値や指示命令が的外れな内容であるとき、疑問を感じながらも、本部からの指示命令ということで唯々諾々と従っていませんか。

もし、貸出業務に関する目標数値や施策等についての指示命令に疑問を感じながらも、大勢の成り行きや周りの空気に流された行動をする人がいるとすれば、その人はまだ自我意識に目覚めていないといえます。もちろん、経験年数やポスト・年齢によって違いがありますが、疑問を感じながらも大勢に流されて、いわれたことだけを行う人は、自分の考え方が確立できていない状態にあり、組織のなかで自分という存在を見失っている可能性があります。自我をすべて銀行組織に預けてしまうことは、健康な精神・正常な心性が侵されてしまいます。それとも、意識的に自我を抑えることが、組織内で上手に生き、上司から評価されるために必要な心得であると思っているのでしょうか。人間は、ただ何となく毎日を生きている、他人に指示されるとおりに過ごしているだけでは、自分という存在感が薄れて、自我意識が衰え、自己が崩壊する危機に至る可能性があります。

筆者は、昨年『貸出業務の王道』（二〇一一年、金融財政事情研究会）という本を上梓し、「真っ当な貸出」を行うことが重要であると書きました。拙著に寄せられた感想には、「これは理想論であって、現実はこのようにいかない」「書いてある内容はそのとおりだが、建前論にすぎない」という声がありました。筆者に次のような質問もありました。「真っ当な貸出を行うことで、厳しい目標数値を達成することができるのですか」。さらに、「目標達成するためには資金使途を偽った稟議書を書いて貸します」と平気でいう若い人がいました。

前著『貸出業務の王道』で筆者が書いた内容は、理想論でも建前論でもありません。筆者が支店長として実際に行ってきたこと、また筆者が支店長として部下に教えてきたことです。それを読んで、理想論であるとか建前論という人たちは「目標のためには」「現実的には」というような言葉をもってして、「真っ当ではない」ことを行っている自分を正当化しているのでしょうか。また、コンプライアンスに反する行動を許しているのでしょうか。

筆者は、そのような人たちがすべてではないと信じています。貸出業務に携わる多くの人たちは真っ当な考え方をもっていると信じています。しかし、真っ当な考え方をもっていながら、それを発揮していない人が多くいることも知っています。真っ当な考え方をもちながら、それを実際に行動で示すことができないのには何か理由があるはずです。それは組織の論理なのか、目にみえない掟があるのか、空気を読むということなのか、それとも個々人の矜持の問題なのでしょうか。

前著『貸出業務の王道』は貸出業務のあり方（＝王道）について述べました。本書は前著の続編として、貸出業務に携わる人に現実を直視してもらい、問題点の所在をしっかりと認識してもらい、解決のためにはどうしたらよいのかを自ら考え、銀行員として誇りある心のあり方（＝矜持）をもってもらいたいと思う強い気持ちから、筆者の考えを書きました。

本書で筆者が取り上げる現実は、多くの人から快く迎えられることはないと思っています。それは、あなたが常識として思い込んでいることへの批判であったり、不愉快な事実・不都合な真実であったり、あなたが疑問に思っていながら触れることができなかった事柄が含まれているからです。

大事なことは、事実と現実に正面から向き合い、論理的かつ倫理的に正しい考え方をもつことにあると思います。筆者は前著で次のように書きました。

「正論という言葉さえ忘れた人たちは「矜持」など微塵も持ち合わせていません。また、善なることの判断基準ももたなくなり「良心の恥」さえ忘れてしまった人も数多くいるように感じています」（同書一四一頁）

真っ当な貸出業務について論じる場合、現場第一線の担当者だけに焦点を当てるだけでは無意味です。本書では、貸出業務に携わる役員・本部部長・支店長・役席者の人たちにも、それぞれの立場で考えてもらいたいと思っています。

それぞれの立場にいる多くの人たちに、それぞれの立場で読んでいただき、本書の内容について自ら考え、周りの人たちと議論していただき、その結果、多くの銀行、多くの人たちが「真っ当な貸出業務」を行うようになることを期待するものです。そのために大事なことは「信質」であると考えました。「信質」を追求することによって、経済社会における銀行のプレゼンスを再び確立してほしいと願うものです。

「信質」とは何か。本書を最後まで読んでいただくことで、筆者の考え方を意図することは理解していただけると思います。

最後に、本書の刊行に際し、出版の機会を与えてくださいました一般社団法人金融財政事情研究会の加藤一浩氏に深く感謝申し上げます。

二〇二二年五月

吉田　重雄

# 目次

## 第2部　真っ当な貸出業務の考え方—誠実に王道を歩むために—

## 第3部　真っ当な貸出業務を行う──意識改革と行動改革──

## エピローグ

# プロローグ

# 銀行ノ生命ハ信用ニ在リ

「銀行ノ生命ハ信用ニ在リ」これは結城豊太郎の演説のなかの一文で、筆者が大好きな文章です。すべての銀行員はこの文章を知り、心に刻むべきと思います。

結城豊太郎は一八八七（明治一〇）年山形県に生まれ、東京帝国大学を卒業し、日本銀行に入りました。一九二一（大正一〇）年、彼が四四歳のとき日本銀行理事から安田銀行副頭取に移り、その後は日本興業銀行第六代総裁、商工組合中央金庫初代理事長、大蔵大臣、日本銀行第一五代総裁を務めました。結城豊太郎の信念であるこの言葉は本の題名となり『銀行ノ生命ハ信用ニ在リ』（一九九六年、日本放送出版協会）は、その結城豊太郎の生涯を描いています。

著者の秋田博氏は同書の「あとがき」で、「金融・財政家結城豊太郎に学ぶこと」と題して次のように書いています。

「結城豊太郎の一貫した指導理念は「銀行ノ生命ハ信用ニ在リ」「運用ハ慎重ニ放資ハ公利公益ヲ重ンジ国家ノ進運ニ寄与スルコト」であった。ことに「銀行ノ信用」維持については、～（中略）～「信は万物の本を為す……信用が第一です」と強調して、常に全銀行員の心を引き締め、資質の向上を図った。

ところで、今回の平成バブルの発生と崩壊、そして惨憺たる「住専」破綻の事態について、剛腹・勇断の人・結城豊太郎だったら、果たしてどうみるだろうか。その前にまず、「君たちは、いったい歴史から何を教わるのかね」と言うにちがいない」（同書四八七頁）

現役の銀行員のほとんど多くは「バブルを知らない銀行員」です。現役の銀行員は、バブル期に銀行が行った貸出業務は、多くの不良債権をつくり、それが原因で多くの金融機関が破綻し、破綻処理や不良債権処理に多額の公的資金が投入された事実を知っているでしょうか。その苦い経験から学んだことを、いまの人たちは貸出業務に活かしているでしょうか。

「愚者は経験に学び、賢者は歴史に学ぶ」という言葉があります。賢明な人は、過去の歴史的事象を調べて原因を知り、原理原則を学び、過去の失敗と同じ轍を踏まないようにするということの教えです。ガルブレイスも著書『バブルの物語』（一九九一年、ダイヤモンド社）において、「歴史の教訓を知らない人は、過去の歴史を繰り返すように運命づけられている」（同書一四九頁）と書いています。

バブル崩壊から二〇年が経ちました。二〇年という期間は、人生にとっても、歴史においても決して短い期間ではありません。しかし、変化のスピードが早い現代における最近二〇年間に貸出業務を経験してきた人たちが、多額の不良債権をつくったときと同じ考え方で旧態依然たる貸出業務を行い、「これが銀行の貸出業務である」と思っていたら、それは大きな間違いといわざるをえません。
「バブルを知らない銀行員」は貸出業務の歴史や先人の教えを学ぶ必要があります。
わが国の銀行制度の基礎をつくった渋澤栄一は『経済と道徳』（一九五三年、日本経済道徳協会・非売品）において次のように述べています。

「凡て世の進歩というものは、〜相寄り相扶けて共に進むようでなければならぬ。（中略）殊に経済界の中心に立つものは、周囲の関連せる諸種の事態に依って振不振を来すのであるから、両々相扶けて進む様にしなければならぬものである。就中、銀行業の如きに至っては、銀行そのものの力によってのみ成績を挙げる事は困難であって、商工業が盛んになれば銀行業も盛んになり、商工業が不振になれば銀行業も不振になるという関係がある。

事業というものは、之れを譬えれば恰も鏡の如きものである。鏡そのものは澄んだ一点の曇りのないものであっても、之れに写るものが醜くければ醜く見え、美しければ美しく見えるものである。つまり鏡に醜く写るのは、鏡そのものが悪いのではない。鏡に美しく写そうとするには、写すものそれ自身が美しくなければならぬのである。（中略）吾々が社会の一員として生存している以上、絶対に自分一箇で立ちゆけるものではない。如何なる事業も共持ちで成就する。従って事業を営む上においては、決して相冒し相悖るようなことがあってはならぬ」（同書一七〇頁）

「兎角金儲けばかりを考えて儲けよう儲けようと焦る人々は、仕事そのものに対し又世間に対し、誠実親切を缺き勝ちである。ただ儲かりさえすればよいというので、法律に触れさえしなければよいという間違った考えを持って居る者があり、商賣の駈引と称して平気で嘘をいう者も居る。一時はそれで儲かるだろうけれども、決して永続きはしない。況んや信用ある確実な事業と称することは出来ない」（同書一七七頁）

この渋澤栄一の文章を読み、貸出業務に携わるあなたは何を感じましたか。貸出先に対して信義の心、道徳心をもって貸出業務を行っていますか。銀行は経済社会の黒子としての役割であるという自覚をもって、貸出先の発展のために相寄り相扶けてともに進むことを心掛けていますか。あなたの言葉と行動を写す鏡をみたとき、鏡は美しくみえますか。収益目標を達成するためといいながら、貸出先に対して誠実さ親切さを欠くようなことをしていませんか。収益を稼ぐやり方が法律に触れなければ、どのような方法で行ってもかまわないと思っていませんか。

銀行は、貸出先の堅実な発展によって繁栄するのです。貸出先の事業経営に役立つためにという意識で貸出業務を行わなければいけません。自分自身が自らの評価を得るために、支店が業績表彰を獲得するために、数値目標の達成を唯一の目的に考えて行う貸出業務は間違っていると思います。

## 現場の会議

以下はある銀行のA支店において行われた一月の月次会議の様子です。

下期も半分（一〇―一二月）が過ぎました。当店の今期の収益目標と貸出金額増加目標に対して進捗率はまだ三〇％にも届かず、本部から示達された目標を達成することが厳しい状況にあります。そこで支店長は部下に次のようにいいました。

「このままでは目標に届かないばかりか、惨めな結果になってしまう。業績考課の表彰はとれないどころか、目標対比進捗率も現時点でグループ最下位だ。なんとか目標比八〇％以上は達成しなければ恥ずかしい。そこで、一―三月は目標達成に向かって最大限に頑張ってもらいたい」

そして支店長は、収益増強策として次のことを指示しました。

一―三月の貸出業務において、

① 当座貸越極度・商手割引極度の枠空きがある先には極度額の限度いっぱい使ってもらうように交渉すること。資金使途がないといわれたら、投信やデリバティブ商品の購入資金として売り込むこと。

② 商手割引と新規貸出は実行依頼日より最低でも一〇日以上前倒しの、早割り・早貸しを依頼

すること。

③　短期借入の申出がある場合は、他行分担金額も当行が取り込むように、あるいは申出金額以上の借入額を頼むこと。

④　新規貸出案件については、私募債で採り上げられないか検討し、できれば私募債の起債を勧めるよう交渉すること（〜アップフロントでフィーの全額を今期利益に計上できるため）。

⑤　既存の経常運転資金（手貸）は返済を求めない実質長期貸出と同じであるという理由で、長期金利に引き上げるよう交渉すること。

⑥　借入申出がない先でも、まずは信用保証協会に決算書を出して保証の枠を先取りして、保証が得られたということで借りてもらうように交渉すること。

⑦　他行肩代わりを積極的に行い、肩代わりできるなら金利は弾力的に（＝引下げ幅を）考える。

支店長は課長に向かって、最後にこういいました。「これでどのくらい収益と残高があがるか、具体的に材料を書き出して、できあがりの計数見込みを出して早急に報告してくれ！」。

貸付課長は、支店長方針を受けて、課内の打合せの場で担当者たちに強い口調で次のようにいいました。

「早割り・早貸しは例外なくお客に頼め！　いいな！　当座貸越と商手の極度の枠空きは必ず埋めること。枠空きを埋めてくれない先があったら自分（課長自ら）が頼みに行く。それから新規の借入申出が来たときは必ず申出金額以上の貸増し・貸込みを交渉すること。それから、頼めば借りてもらえそうな先があれば、まず先に信用保証協会の保証をとって、ちょっと危ない先でも資金使途はうまく作文して稟議書を書け。マル保の保証がとれた、稟議を先にとったからということで借りてもらうようにしっかり頼んでこい。それから金利スワップを売り込める先はないか、リストアップしてくれ。わかったか！」

部下（担当者）の一人が、「そこまでするんですか!?」と意見すると、課長は、「そうだ、こんな成績では恥ずかしくて支店長も役員に顔向けできないだろう。支店長に恥をかかせるわけにはいかない。ここは俺のいうとおりに行うように！　いいな！」といいました。

あなたは、これに似たような場面に遭遇した経験はありませんか。上記場面を読み、「うちもそうなんだよな〜」「こんなことをやっていていいのかな」「でも、どうしようもないんだよな」と思っている人たちがいる半面、「こんなことは当たり前じゃないか」「何が問題なんだ」「目標達成のためにはどこの銀行でもやっていることじゃないか」「これは銀行の常識だろ！」という人たちもいると思います。

上記場面に登場する支店長や課長にいわせれば、「目標達成のために頑張っているのにどこに問題があるんだ」という反論が予想されます。

一方、役員や本部部長は上記場面を読んでどのように感じているでしょうか。そもそもこういう現場の実態を知っているでしょうか。貸出業務の経験が乏しく、貸出業務の実績を数字でしか管理していない役員は、このような貸出業務の実態があることを知らないのかもしれません。あるいは、役員自身も現役時代にこのようにして実績をあげてきたので、いまさらこれを問題視するという認識はないのでしょうか。それともこのような貸出のやり方に問題があると承知していながら、みてみぬふりをしているのでしょうか。

表向きにはコンプライアンス経営といいながら、現場では真っ当ではない貸出業務が行われていませんか。数値づくりのための無謀な貸出、コンプライアンスに反する貸出が行われていることを知りながら、それを止めない管理者がいるとしたら、その管理者は不作為の罪を犯していることになります。後になって、貸出先から強いクレームが来たり、マスコミに取り上げられたとき、「そういうことをやっているとは知らなかった」とか、「収益のためなら何をやってもいいというようなことはいっていない」といえばすむ問題でしょうか。

このような支店長と課長の指示に対して、経験浅い若い部下がこの指示に疑問を感じ、問題点を指摘した場合、支店長や課長はおそらく次のように答えると思われます。

「これは本部からきた目標達成のために行っているものだ。銀行の業績を上げるために行っているのに、何が問題だというのか。これが当行（自分）のやり方であり、いつもこのように対応してきた。他行も行っているし、昔からだれもが行っていることだから、いわれたとおりに行うように。君の考えは正論かもしれないが、業績を上げるためには、建前論だけでは目標は達成できないし、他行に勝てない。実績を上げるためには〝清濁併せ呑む〟ことも必要なんだ。君はまだ若くて経験が乏しく、競争の厳しさを知らないから、そんな学生のような議論をするんだ。綺麗ごとだけいっていたって表彰なんかとれない。建前論ばかりいっていても儲からない。目標を達成し、競争に勝つためにはそんな甘い考えではだめだ。この指示に疑問があるというなら代案を出してみろ。目標達成するために君にもっとよい考えがあればいってみろ！」

上司の勢いある言い方に即座に反論することができない若い部下は、それ以上突っ込むことなく、そしていつもどおり、上記のようなことが行われているのです。このようなやり方に疑問をもち、そのようなやり方は間違っているという意見をもっている人がいたとしても、支店長や課長から、〝これが常識だ〟といわれると反論できず、いつもどおりのやり方として上記のようなことが行われ続けているのです。

貸出業務の本質や意義を忘れて、目標達成が自己目的化して、貸出資産の質より貸出残高の数字が求められる現実があります。そこには数字を高めるための手練手管や独特なノウハウがあり、コンプライアンス経営に抵触する行為であっても、目標数値達成のために資するのであれば「無責任な組織」はそれを見逃します。行ってはいけないことを行ってしまうことに良心の呵責を感じる人がいるにもかかわらず、行ってはいけないことを行ってしまうのは「場の空気」や

「盲目的な同調」という「組織における無責任な構造」があるのです。

上記のような支店長と課長の指示は、本部目標を達成することが目的化していて、そのための方法論に疑問を感じて意見するも、銀行は正論を圧殺している状況があります。正論や良心の喘ぎに対して、銀行は「無責任な構造」を容認する人たちを飼いならしているように思えます。言い換えると、銀行という組織は、既成の権威と村社会だけに通用する常識が支配し、それを妨害する人や邪魔な存在となる人を排除する傾向があります。

正論が通じない無責任な組織構造に対し、「やっていられない！」と反発する人は、反抗的という類のレッテルが貼られ、人事的に低い評価がつけられ、ラインから除外されていくようです。その結果、無責任な構造とその人事システムを容認する人たちが主流派になり、改革が行われないまま「真っ当ではない貸出業務」が行われているのです。

筆者はこの五年間に全国の金融機関を回り、貸出業務に関する講演や研修講師を延べ一〇〇回以上行ってきました。そこで若い人たちから次のようなアンケート意見が寄せられました。

・銀行の決算協力と称して、顧客が望まない借入を頼むのは情けない。
・顧客にお願いベースで借入依頼をして目標達成することに違和感あり。
・借入金圧縮が経営改善策である顧客にも貸してこいといわれた。
・目標のために顧客が望んでいないことをお願いするのは心苦しい。

・ノルマ達成のためにコンプライアンス違反を見逃している現実がある。
・理不尽なことをやってまで目標達成しなければいけない義務感に疑問あり。
・銀行本位になりすぎると、顧客から嫌われ信頼を失うのではないかと思う。

そして、若い人たちが筆者に訴えてきたことは、疑問に思ったことを支店長に意見すると、「お前が意見するには一〇年早い」と怒られ、その後は何もいえなくなるそうです。若い人たちは支店長に対して何もいえず、間違っていると思いながらも、いわれたことを行わざるをえないようです。もちろんすべての支店長がそうであると思いませんが、このような風潮がまだ残っていることは事実かと思います。

そこで、このような若い人たちにかわって筆者が同じ問題を取り上げて意見してみたらどうなるでしょうか。上記場面で疑問を感じている部下と同じ意見を筆者が本書で述べた場合、上記の支店長と課長は、部下に対する態度と意見と異なる対応をするでしょう。なぜならば、銀行という組織は、意見の内容が同じであったにしても、だれがいったかによって対応が違うからです。そのこと自体おかしなことですが、それが現実であろうと思います（↓第8章第6節「だれがいったのか」参照）。

若い部下が支店長や課長に正論をぶつけた場合、押さえつけられる傾向がありますが、筆者がいう場合はまずは筆者の意見は聞いてもらえそうです。そこで、ぜひ本書を読んで、筆者の考え方に耳を傾けてください。

## 寄り道　常識に支配されない判断基準

京セラ㈱創業者、現名誉会長稲盛和夫氏の著作『稲盛和夫の実学―経営と会計―』（一九九八年、日本経済新聞社）から抜粋しました。

「常識に支配されない判断基準」

常識とされるものが人の心をいかに支配するかということを、私が若いころ実際に経験した例で説明したい。

以前「歩積み・両建て預金」というものが一般的に行われていた。

昭和三十四年の京セラ創業当時には銀行で手形を割り引くたびに、一定率の「歩積み」預金を行い、銀行に積み立てていくことが当然のことのように行われていた。～（中略）～

社内で銀行の方から申し入れのあった歩積み率の引き上げが話題になった際に、私はむしろ歩積みそのものがどうしても納得できないと考えて会議でその旨発言した。しかし、経理を担当する者はじめ周囲からは、歩積みをするのは常識であって、それをおかしいというのは非常識きわまりないと笑われて相手にもされなかった。

その後まもなく、このような歩積みや両建てという慣行は、銀行の実質収入を上げるための方便にすぎないと批判され、廃止された。これを見て私は、「いくら常識だといっても、道理から見ておかしいと思ったことは、必ず最後にはおかしいと世間でも認められるようになる」と自信をもった。（中略）

もちろん、私は常識とされていることをとにかく頭から否定すべきだと言っているのではない。問題は、本来限定的にしかあてはまらない「常識」を、まるでつねに成立するものと勘違いして鵜呑みにしてしまうことである。このような「常識」にとらわれず、本質を見極め正しい判断を積み重ねていくことが、絶えず変化する経営環境の中では必要なのである」（同書二七～二九頁）

そして、次のように書いています。

「物事の判断にあたっては、つねにその本質にさかのぼること、そして人間としての基本的なモラル、良心にもとづいて何が正しいのかを基準として判断することがもっとも重要である。～それは簡単に言えば、公平、公正、正義、努力、勇気、博愛、謙虚、誠実というような言葉で表現できるものである。

（略）何事においても、物事の本質にまでさかのぼろうとせず、ただ常識とされていることをそのまま従えば、自分の責任で考えて判断する必要はなくなる。また、とりあえず人と同じことをする方が何かとさしさわりないであろう。たいして大きな問題でもないので、ことさら突っ込んで考える必要もないと思うかもしれない。しかし、このような考え方が経営者に少しでもあれば、私の言う原理原則による経営にはならない。どんな些細なことでも、原理原則にさかのぼって徹底して考える。それは大変な労力と苦しみをともなうかもしれない。しかし、誰から見ても普遍的に正しいことを判断基準にし続けることによって、初めて真の意味で筋の通った経営が可能となる」（同書二一～二二頁）

～あなたの支店で「常識」といわれる対応は、銀行内では常識で通用しているかもしれませんが、「世間の非常識」かもしれません。稲盛氏は、常識といわれることにとらわれず本質を見極め、正しい判断をすることが大事であるといっています。

# 第1部

## 現実を直視して考える

――不愉快な事実と不都合な真実――

# 第1章

# 貸出業務をめぐる環境変化

# 第1節　経済成長率の推移と貸出業務

日本経済は戦後、「高度成長期」「安定成長期」「低成長期」と推移して今日に至っています。図1は対前年比経済成長率を示すグラフです。一九五六年以降の日本経済を高度成長期・安定成長期・低成長期の三つに区切ってみるとき、それぞれ三つの平均成長率は、高度成長期が九・一%、安定成長期が四・二%、低成長期が〇・九%となっています。

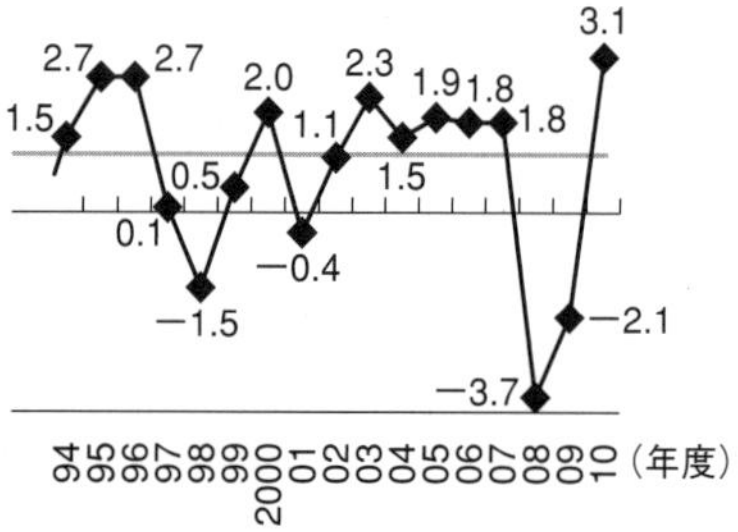


1980年度以前は「平成12年版国民経済計
よる。それ以降は、2011年10〜12月期・

バブル景気といわれたのは安定成長期の最後に当たる一九八六年一二月から一九九一年二月までを指します。そして、バブル崩壊後の日本経済（一九九一年以降）は平成不況といわれ、それ以降現在に至るまで低成長が続いています。

図1　経済成長率の推移

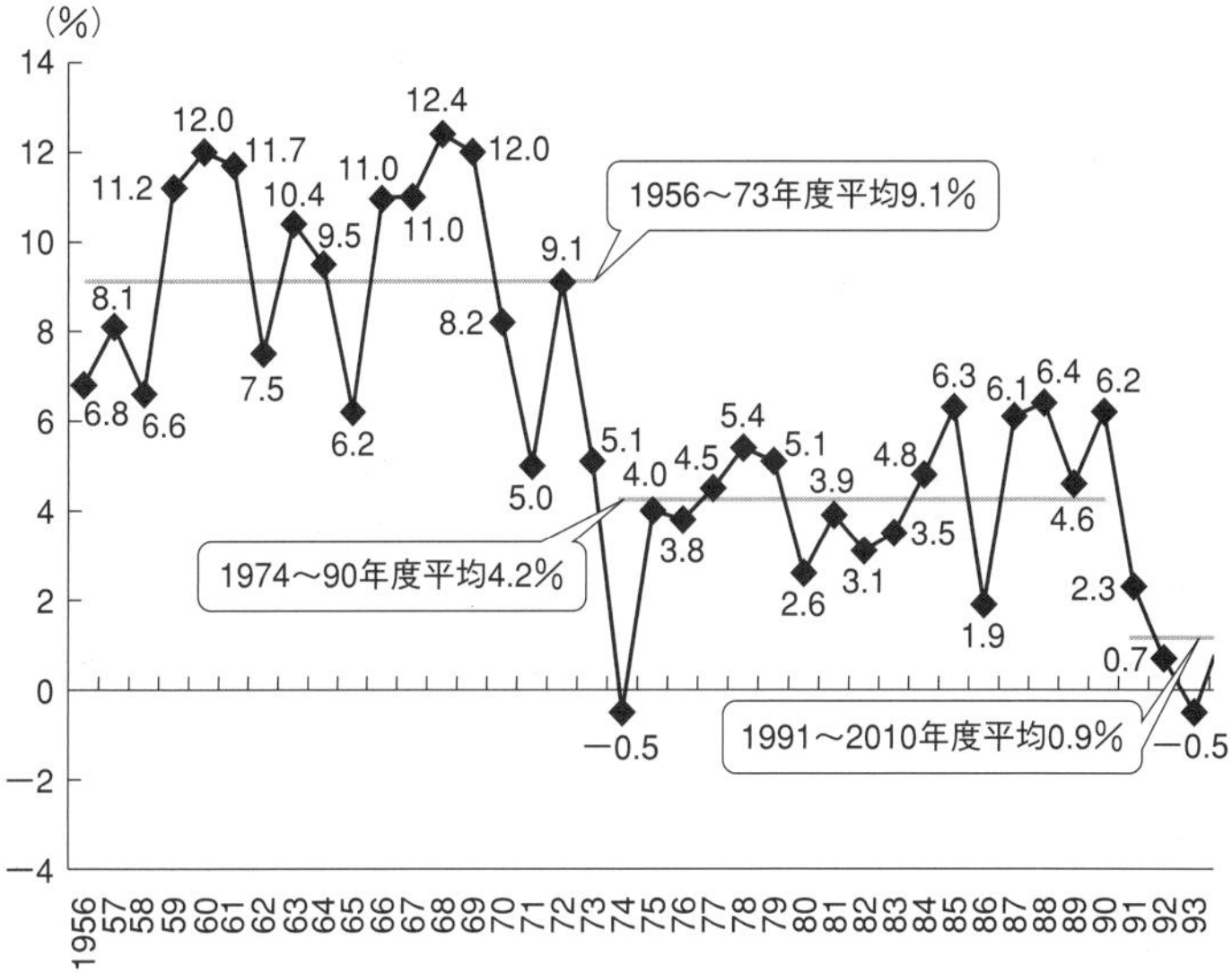


（注）　年度ベース。93SNA連鎖方式推計。平均は各年度数値の単純平均。
算年報」（63SNAベース）、1981～94年度は年報（平成21年度確報）に
2次速報（2012年3月8日公表）
（資料）　内閣府SNAサイト

　このグラフから次のようなことが読み取れます。現役の皆さんが行ってきた最近二〇年間の貸出業務は、バブル崩壊後の低成長の日本経済のもとで行われてきたということです。そこで経験した貸出業務が、貸出業務のすべてであると思うことは間違いです。

　このことは、筆者が銀行員現役時代に経験した安定成長期の貸出業務と比べて説明したいと思います。筆者の現役時代（一九七三年入行）は、日本経済も安定

的に成長する時代背景にあり、貸出業務を通じて顧客の事業発展をみて、顧客とともに喜ぶ機会がありました。前向きの貸出案件に接し、貸出業務に仕事のやりがいを感じていました。現役の人たちは貸出業務を通して得るそのような機会は筆者の現役時代に比べて明らかに少ないように思います。むしろ、最近二〇年間における貸出業務は、倒産リスクのあるむずかしい貸出判断を強いられ、不良債権の処理等の後ろ向きの業務が多かったのではないでしょうか。同じ貸出業務という職務でありながら、時代背景の違いによって、仕事のやりがい、生きがいの感じ方は異なると推察できます。

また、最近二〇年間という期間から考えるとき、一九九一年以降に銀行に入った者はもとより、四〇歳代半ばより下の年齢層の人たちが行ってきた貸出業務は、低成長下の日本経済を背景に不良債権の処理と向かい合うことが多かったと思います。この経験だけをもって「貸出業務はこういうものだ」と思

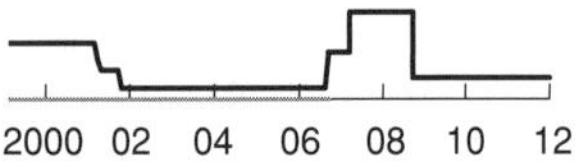

作成。

図2　基準割引率および基準貸付利率の推移

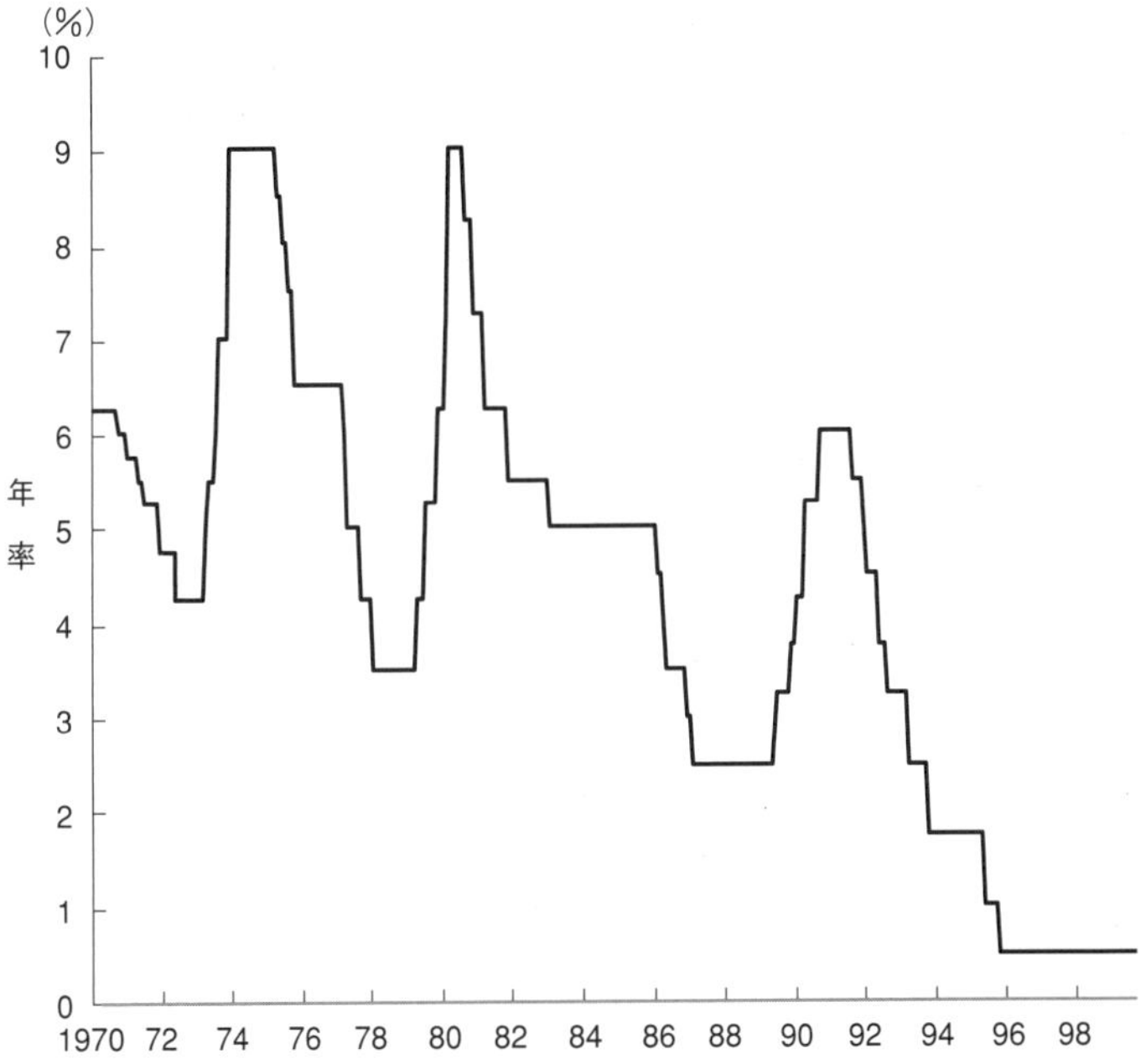


(出所)　日本銀行ホームページ(時系列統計データ検索サイト)より筆者

い込むことは、貸出業務の本質を考えるとき見誤ることにもつながりかねません。

次に、図2は、基準割引率および基準貸付利率の推移を表しています。かつては公定歩合が預貯金金利や貸出金利の基準として金融政策上重要な役割を担っていました。一九九四年に金利自由化が完了し、公定歩合と預貯金金利の制度的な連動性がなくなり、日銀の政策金融手段は無担保コールレートに転換しました。

現在の市中貸出金利は、新短期プライムレート、スプレッド貸出（LIBORやTIBORをベースにスプレッドを上乗せ）が中心で各行が自主的に決めています。しかし過去からの金利推移をみるため、図2は有効であると思います。

これをみますと、一九九五年以降の基準割引率および基準貸付利率は一％以下の水準で推移していることがわかります。最近一五年間はこのような低金利のもとで貸出が行われています。この低金利の状況下での貸出業務経験だけをもって「貸出金利とはこういうものだ」と思い込まれることも、貸出業務の本質を考えるとき見誤ることになると思います。

筆者が初めて貸出業務に就いた一九七四年の公定歩合は九・〇％で、短期プライムレートは九・二五％でした。最優遇金利である短期プライムレートが九・二五％のとき、筆者が担当した中小企業向けの貸出金利は一〇〜一一％でした。最優遇の短期プライムレートと中小企業向けの適用金利には一・〇〜一・五％の格差があることは当然でした。

また、当時は日銀の貸出枠規制という制度もありましたが、貸出先の経営にとって高い貸出金利による支払金利が経営を圧迫する（経常利益を下げる）要因になることから、貸出金額は必要最低限の金額に絞って貸すように、資金使途の見極めはしっかりと行うことを教えられました。

ところが、現在の低金利下の貸出は、利幅が少ないこともあり、銀行はボリュームで稼ぐという発想に陥りやすく、顧客側も支払金利が利益に及ぼす影響について、さほど気にしないですむこともあってか、借入金額や資金使途についての検証が甘くなっているように感じます。

## 第2節　部門別資金過不足の変化

日本経済における銀行の貸出業務の基本モデルは、資金余剰である家計部門から預金を預かり、資金不足の状態にある法人部門に貸出業務を通じて資金を融通する間接金融といわれる金融インフラとしての役割でした。法人部門は銀行からの借入金を使って設備投資や生産販売活動を行い、そして経済が成長するという図式でした。

図3をみていただきたいと思います。日銀が発表しているこの資金循環統計（部門別の資金過不足）のグラフをみると、貸出業務の主たる相手方の法人部門は、一九九三年までは常に資金不足の状態でしたが、一九九四年に資金余剰に転じ、その後、余剰と不足を繰り返し、一九九八年以降の法人部門は資金余剰の状態になり現在に至っています。

法人部門が資金余剰に変化した要因について考えることは、今後の貸出業務のあり方を考えるうえで必要かと思います。その要因にはさまざまな理由が考えられますが、ポイントはバブル崩壊とその後の金融危機にあると思います。

バブル崩壊後の金融機関は不良債権の処理を優先させました。一九九七年に北海道拓殖銀行、徳陽シティ銀行、山一證券、三洋証券等の破綻をきっかけとした金融危機により、金融機関はいっそうの債権回収に動き、貸出を控える（貸渋り）ようになったことで、その後の実体経済は低迷が続きました。その間、法人企業はバブル時代の過剰設備の調整や人員削減等を行い、事業の再構築を図ることで資金調達を大きく抑制しました。企業は金融機関の貸出姿勢の慎重さもあり、バランスシートを調整させることで、経営も規模拡大から縮小傾向になったといえます。設備投資も自己資金の範囲内の投資にとどめるなどして、キャッシュフローの増加を図ることで法人部門も資金余剰になったと考えられます。

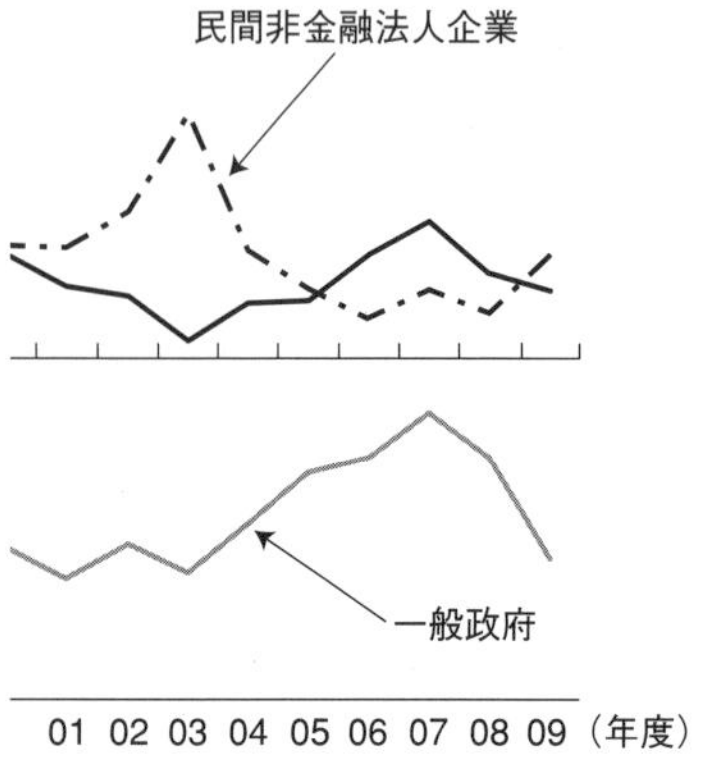


者作成。

日本経済の高度成長期は、家計部門の余剰資金が預金として集められ、銀行を通じて資金不足である法人部門へ貸出金で供給されるという流れが基本でした。「間接金融の優位」という言葉が、高度成長期における日本の金融の特徴でした。ここに銀行貸出の意味があり、担当者は貸出業務を通して貸出先の事業の発展をみることができ、日本経済の成長を実感することで仕事

図3　部門別の資金過不足の推移

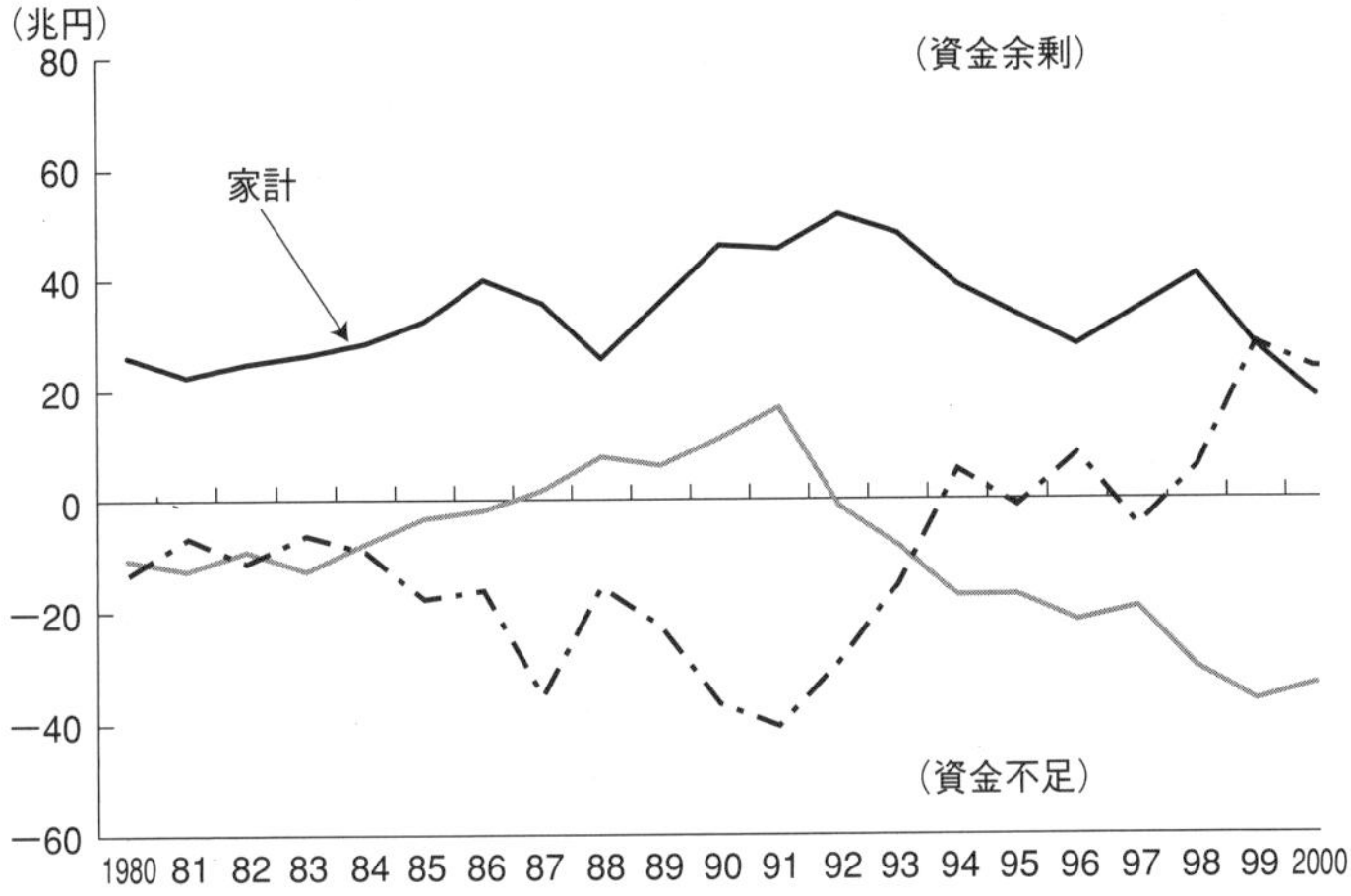


（出所）　日本銀行ホームページ（日本銀行関連統計「資金循環」）より筆

のやりがいを感じていました。

その貸出業務の主たる対象先である法人部門が、上記のとおり、現在は資金余剰となり、この状態が一〇年以上も続いていることから、資金余剰の家計部門から資金不足の法人部門へ資金の仲介を行うという間接金融の環境は大きく変貌しました。間接金融を取り巻く環境が大きく変化しているにもかかわらず、貸出業務をいままでと同じ考えのもとで行うことは無理があるように思います。

また、日本経済はデフレ状況にあります。デフレ経済下における法人企業の行動をみるとき、一般論として売上げと利益が伸び悩み、積極的な設備投資は行われません。このことから、増加運転資金、決算賞与資金、設備資金等前向きな資金需要は起きにくいといえます。

このような資金循環の構造変化のなか、銀行の資産構成における貸出金のウェイトは低下していき、他方、政府公共部門の資金不足が国債の大量発行を招き、銀行の資産構成における有価証券（国債中心）運用のウェイトを高めています。この傾向は現実に統計等で明らかであるにもかかわらず、すべての金融機関は相も変わらず半期ごとに貸出残高の増加目標と収益目標額を支店に張り付け、目標達成率競争をさせ、成果主義で実績評価する管理を行っています。上記の状況を正しく認識するならば、全国の金融機関が毎期貸出金の増加目標を設定し、すべての金融機関がその目標を達成すること自体に無理があるように思います。

本書のプロローグ（四頁）において渋澤栄一の次の言葉を紹介しました。

「銀行業の如きに至っては、銀行そのものの力によってのみ成績を挙げる事は困難であって、商工業が盛んになれば銀行業も盛んになり、商工業が不振になれば銀行業も不振になるという関係がある」

生産・販売等を行っている商工業者がデフレ経済下で業績伸展に苦戦し、資金需要も乏しいなか、すべての銀行が貸出金を増大させ、収益を伸ばすという目標を設定することは無理ではないでしょうか。

**寄り道**

## 伝統的銀行業の衰退

池尾和人著『現代の金融入門』（二〇一〇年、ちくま新書）

〝銀行の（法律的な）定義……「短期の預金を受け入れ、長期の貸出を行う」という業務（預貸金業務）の重要性は、趨勢的には低下してきているとみられる。

すなわち、第二次世界大戦の直後の復興とそれに続く経済成長の過程では、投資意欲は旺盛で、資金が相対的に不足しがちな状況が続いていた。こうした資金不足が基調の経済構造の下では、資金配分を司る銀行の役割は大きく、預金金利規制が存在していたこともあって、銀行はカネを貸すだけで収益を確保できた。

ところが、一九八〇年代を迎える頃になると、戦後の復興・成長は一段落する。とくに先進国では投資機会が相対的に不足するようになって、それまでの資金不足に代わって資金余剰が基調の経済構造に変化する。すると、カネを貸すというだけの伝統的な銀行業は、不振を極めるようになり、不況産業化する。〜（略）〜

……単にカネを貸すというだけでは、銀行は利益をあげるのが難しくなっていった。銀行の利益の源泉は、本来的には、金融仲介の過程で銀行が果たしている機能や決済機構の運営を通じて提供しているサービスに求められる。この意味で、一九八〇年代以降、銀行はどれだけ有益で意義のある機能（あるいはサービス）を提供できるかどうかをますます厳しく問われるようになったといえる。〟（同書一八六〜一八七頁）

# 第2章

# 貸出業務とは

# 第1節　貸出業務の意義

銀行が行う貸出業務というのは、経済的側面でみれば貸出先に資金を融通して利息をとることで利益を得ることです。法律的側面からみれば、銀行が債権者、貸出先が債務者となる金銭消費貸借契約であるといえます。

しかし、支店で実際に貸出業務に携わる支店長以下担当者たちは、そのような理屈をいう前に、今期の目標数値を達成することに使命を感じているかもしれません。

貸出業務になんらかのかたちで携わっているあなた（本部役員部長等・現場支店長等役職者、担当者）は次に掲げる三つの設問に対して、現在の立場でどのように考えていますか。

㈠　貸出実行の可否を決める判断の基準について、その行為の内容が正しいか正しくないかという尺度に判断基準を求めますか、それとも目標数値を意識して、同数値に寄与するか寄与しないかという尺度に判断基準を求めますか。

㈡　支店が行う貸出業務は、短期的な利益を最大限（今期目標の達成）に確保することと、長期的な視野に立って若手の人材育成を図ることのどちらが重要であると考えますか。

㈢　銀行は収益至上主義で行動してよいでしょうか、それとも経済社会において信頼される存在として、倫理的・道徳的行動をとるべきでしょうか。

これら三つの設問に対するあなたの考えは、あなた自身の現実の行動と一致したものになっていますか。それとも答えと行動に矛盾がありますか。

筆者は貸出業務の意義について、経済的には国民経済に対する資金供給のパイプとしての機能と役割を担うものとして、法律的には経済社会において信用関係を形成し構築する中心的な業務であるという認識をもっています。

そして、三つの設問に対して筆者は、貸出判断においては正しいか正しくないかという尺度を判断基準にするべきであり、長期的な観点に立ち人材の育成を図ることも、目標達成と同じように重要視し、銀行は収益至上主義を掲げるのではなく倫理的・道徳的行動をとることが求められていると考えます。筆者が現役の支店長のとき、このような考え方で支店経営（貸出運営）を行ってまいりました。

貸出業務に携わる人は、まず最初に同業務の意義について考えることから始めなければいけません。貸出業務の意義を考えることなく、数字達成競争や、ゲーム感覚で同業務を行うことは感心しません。

組織人として、与えられた数値目標に向かって精一杯の努力をすることは大切なことです。問題は、数値目標を達成するために正しくない考え方と方法で行うことがあってはならないということです。しかし、実際には成果主義という評価・考課制度を意識し、数値目標を達成することが実績面で高い評価を得られることから、真っ当ではないやり方をしてまで数値目標の達成にこだわる人が多くいることも現実かと思います。

筆者は、現役の支店長のとき、部下には次のようにいってきました。

「勝利を志向しないスポーツはレジャーであるように、収益をあげない経営には価値がない。同様に、目標をもたない個人・集団も価値がない。大切なことは、ルールを守って、目標に向かって精一杯の努力をすることである」

## 第2節　貸出業務の目的

「三人のレンガ職人」という有名なイソップ寓話があります。

三人のレンガ職人がいました。旅人が町を通りかかった時、旅人はレンガ職人の一人ひとりに話しかけました。

一人目のレンガ職人に「何をしているのですか」と聞くと、「みればわかるだろ、レンガを積んでいるんだ」と答えました。二人目のレンガ職人に「何をしているのですか」と聞くと、「壁をつくってるんだ。この仕事で給料をもらっているのさ」と答えました。三人目のレンガ職人に

「何をしているのですか」と聞くと、「いまつくっている壁は立派な教会の建物の一部になるんだ。俺はそれをつくる仕事をやっているんだ」と答えたそうです。

このとき、三人のレンガ職人に与えられた「目標」は、一日に何個かのレンガを積むという同じ数値目標（積むべきレンガの数）でした。しかし、三人のレンガ職人の「目的」は違いました。一人目のレンガ職人は、目の前の仕事をただ何も考えずにやっているだけで目的はもっていません。二人目のレンガ職人はこの仕事がお金になることを考えて、生活費を稼ぐことが目的になっています。三人目のレンガ職人は、いまやっている仕事は立派な教会を建てることにつながっていることを語り、その仕事にかかわっている自分に喜びを感じ、自分の仕事が世の中の役に立つことに目的を見出しています。三人に与えられたレンガを積むという与えられた「目標」は同じですが、三人ともそれを行うことの「目的」は違いました。

この話は、「目標」とは単に目指すべき方向や状態を定量的に示されたこと（一日に積むべきレンガの数）をいい、「目的」はそこに自分で考えた意味や意義を付け加えたものであることを教えてくれます。これを簡単な算式で示すと、〈目的＝目標＋意味〉という式で表せます。

この旅人が、数値目標を与えられた貸出業務を行っているあなたに「何をしているのですか」と尋ねてきたら、あなたは何と答えますか。一人目のレンガ職人のように、「いわれたことをいわれたとおりに行っているだけ」と答えますか。二人目のレンガ職人のように、「ボーナスを多くもらいたいし、高い評価を得て地位も上がりたいから」と答えますか。それとも三人目のレンガ職人のように、「貸出業務を通じて貸出先の事業発展に役立ちたい、そして経済社会の役に立ちたい」と答えますか。

貸出業務に携わる人たちは、貸出業務の意義を考え、同業務の本質を正しく理解し、三人目のレンガ職人のような目的意識をもって真っ当な貸出業務を行うべきと考えます。仕事の意味を考えない人は、上記算式を引用すれば、〈目的＝目標〉となります。すなわち、数値目標を達成することが目的となり、仕事のやり方やプロセスは問わず、結果がすべてであるという考え方に陥ります。

ところで、先の三人のレンガ職人のその後はどうなったのでしょうか。筆者が一〇年後のその姿を想像すると……、一人目のレンガ職人は相変わらず違う現場でレンガを積んでいた。二人目の職人はレンガ積みより稼ぎがよいという新しい仕事を見つけ、三人目のレンガ職人は現場監督に出世して、部下の指導育成を行っていた……のではないでしょうか。貸出業務について尋ねられたあなたの一〇年後の姿ははたしてどのレンガ職人のようになっているのでしょうか。

## 第3節　数字至上主義

「ノルマ」という言葉はロシア語で、競争に勝つという目的を達成するために経営者が労働者に課す仕事量を意味します。一方、ロシア語には「ノルマ」に関連した「トゥフタ―」という言葉があります。「トゥフタ―」は「意図的なノルマのごまかし」という意味で使われるそうです。ソビエト社会主義政権下ではノルマに対する「トゥフタ―」が日常的に行われ、それが計画経済運営の見通しを誤らせ、ソビエトが崩壊する原因の一つになったといわれています。

要するに、実態が伴わないにもかかわらず、「ノルマ」を達成したかのように見せかけの数字をつくることを「トゥフタ―」というようです。

「トゥフタ―」に相当する日本語は「虚飾」でしょうか。広辞苑によると「虚飾」の意味は「外見ばかりを飾ること。みえ」と書かれています。数的目標（ノルマ）を達成することが目的の人たちは、実質的に目標が達成できない場合、外見だけはなんとかしたいというみえをはるため、数字づくりのためにウソの稟議書を作文して貸したり、ひたすらお願いベースで借りてもらったりする人がいます。

プロ野球の元巨人軍選手である張本勲氏は「バットマンは数字で人格が決まる」と著書『最強

打撃力』（二〇〇八年、ベースボールマガジン社新書）で書いています。打者の打撃実績にウソはありませんし、打率をあげるために相手投手に対して緩い球を投げてくださいというお願いは通用しない世界です。スポーツ選手の価値は自分だけで出す結果で評価されることから、この言葉に違和感はありません。ところが、某大手証券会社には「数字が人格」という言葉があるそうです。証券会社における実績成果は、経済環境の変化や顧客側の事情等々の要因があるなか、結果の数字は担当者個人だけの実力で決まるわけではないと思います。それでも「数字が人格」ということが絶対的評価尺度であると、人間の性として数字を上げるために清濁併せ呑むような仕事を行うことになるのは必然かと思います。

銀行における貸出業務の成果について、「数字が人格」という尺度は通じるでしょうか。筆者はそれに対し否定的な意見をもっています。しかし、「数字が人格」と言い切るまではしないまでも「数字（＝結果）がすべて」という人は多くいます。そして、そういう人たちは、数的目標を達成するために、真っ当ではない貸出業務やお願いベースの貸出等を行うことに罪悪感や問題意識を感じていないようです。

このようにしてまで数値目標にこだわる人たちは、「（それは）銀行のため、支店のため」といいます。しかし、筆者はそのような言い分を信じません。「貸出先のために行うことが結果的に銀行のためになる」というならばわかります。しかし、「貸出先のために」という言葉を使わず、「(目標達成は）銀行のため、支店のため」という人たちは、明らかに自分の保身のためにみえをはってまで評価を得たいがために行っているにすぎないと思っています。「ボーナスは自分に、リスクは銀行に」という誤った考え方に成り下がり、自分を虚飾する行為を「銀行のため」とうそぶくことは自己欺瞞もはなはだしいと思います。

バブルを知らない銀行員は、バブル期に起きた銀行の不祥事を知ることで学ぶことがあると思います。その一つをここで紹介致します。

数千億円規模の不正融資事件を起こした某都銀の頭取は国会で次のように発言しました（第一二一国会：参議院「証券及び金融問題に関する特別委員会」一九九一年九月五日（木）の議事録より抜粋）。

「近年では金利自由化の進展、国際的な自己資本比率規制の導入等から、銀行経営上、収益というものの重要性が一層高まってきたわけでございます。しかし、当然のことではございますが、収益を重視するとは申しましても、そのために銀行の公共性、社会性、社会的な責任に反することまでしてよい、言い換えますと、収益を上げるためには何をしてもよいといった方針をとったことは決してないつもりでおります」（傍線は筆者）

銀行が必要としている人材（↑上司が現場で必要としている人材ではありません）は、己の保身や自己満足のために虚飾の数字をつくる人ではなく、本当に銀行の将来のことを考えて、貸出先から信頼されるような行動をしてくれる人材です。虚飾の数字で一時は見せかけの成果を出すことができても、自分の実力の粉飾は長続きしません。虚飾の数字はいつか必ずはがれるものです。

**寄り道**

## たとえ錦の袋につつんでも鉛は鉛

齋藤孝訳・編集『「論語」を生かす私の方法』(二〇一〇年、イースト・プレス)

「世の中の人が声高に、自分の実力以上に認めさせようとしている風潮は、まことに情けない風潮である。金は地中に埋まっていても金であるし、たとえ錦の袋につつんでも鉛は鉛である。自分で宣伝しなくても言動が誠実であれば、世間は自ずから信用してくれるものだ。言行一致の人であれば必ず信用される。信用の厚い人であったら、自分で売り込まなくても採用してくれる。何も上司に媚びなくてよい、重役におもねらなくてもよい、人が自分の力を知らないのではないかと思いわずらうことはない。マイペースで自分の道を信じて努力することである。」(同書五一頁)

~論語に「子曰く、人の己を知らざるを患えず、人を知らざるを患う」(学而)という言葉があります。自分を売り込まなくても、見る人は見ています。言い換えると、自分の実力を粉飾しても、バレるということです。貸出先の粉飾決算をとがめる立場のあなたが、自分の実力を粉飾することに何とも思っていない……としたら、あきれます!

## 第4節　質より量か

目標設定において定量的な数字を選ぶ意味はどこにあるのでしょうか。数的目標の設定は、評価する側と評価される側の双方に解釈の余地がない客観的な結論を得やすいこと、そして評価される側にとっては強いインセンティブになることが理由としてあげられます。

しかし、この強いインセンティブは両刃の剣になることがあります。特定の項目に対するインセンティブが強ければ強いほど、他の項目に対するインセンティブが削がれてしまうおそれがあります。支店では、業績考課の配点をみて、配点が高い項目については頑張るが、配点が低い項目は積極的に取り組まないという行動をとる傾向がみられます。要するに、重点項目にはインセンティブが強く働きますが、配点が低い項目には関心を示さず、取引先からその項目についてニーズがあっても、担当者は後回しにするか消極的対応をするということになりかねません。

また、定量的数値目標を受ける側において、行内政治的というか恣意的な動き方をする者が出てきます。その一つは、成果主義の評価は目標達成率競争であることから、たとえば貸出残高の増加目標の割り振りにおいて、自分のところにくる目標数値をできるだけ低く抑えるべく、予定外返済があることを誇張していったり、実現度が高い貸出案件があるにもかかわらずその情報を出し惜しみしたり、隠したりする者がいます。二つ目は、第3節でも書いた「トゥフター」、すなわち、目標達成のために辻褄合わせや見せかけの行為を行う者が出てきます。たとえば、期末残高を上げるために期末日を越すだけのための貸出をお願いベースで行うことがあります。三つ目は、目標を達成すると次はより大きな目標が課せられることを考慮して、目標達成の目処がつくと、出目になる実績を隠して翌期の実績になるよう先送りするような行動をとる者もいます。

定量化した数的目標の設定に関してデメリットばかりを書くことは筆者の本意ではありません。筆者もある程度の数値目標の設定は必要であると考えますが、上記のような問題を現場で実際に経験してきたことから、定量的な数的目標を与え、達成率だけをもって評価することの裏側には不公平な実態があることを経験として知っています。

また、筆者は成果主義を背景にした目標管理の手法に賛同しません。この手法は、馬の鼻面に人参をぶら下げて、食べたければ走れというようなものです。これは、打算的な人間に向かって、銀行が求める行為を行わせるための動機づけと考えられます。筆者は、貸出業務を通して得られる仕事の喜び、貸出先のために成し遂げた仕事は、それ自体が担当者として精神的高揚を伴うものだと考えます。貸出業務に携わる人たちに対する動機づけとして、数字競争に勝った者に金銭の報酬で報いるという考え方にも賛同しません。

次の事例で考えてみましょう。

A君：前期に無理な貸出を行い目標達成した→今期その貸出先が倒産
B君：前期に貸出を回収したため、目標は未達→今期前期に回収した先が倒産

A君に対する評価は、前期はリスクある貸出でも目標達成したことで実績評価されました。その貸出先が今期になって倒産し、A君が前期に貸した金額を含めて損失金額がふえましたが、そのお咎めはありませんでした。B君に対する評価は、前期にリスクある貸出の回収を行いましたが、その行為に関する質的評価は得られず、目標数値に届かなかったため実績評価されませんでした。今期にその貸出先が倒産して、損失回避できたにもかかわらず、今期にそのことを評価されることはありませんでした。

A君とB君の行為を銀行の立場からみた場合、どちらが銀行の業績・収益に貢献したでしょうか。損失金額という視点でみればB君の行為のほうが銀行のためになっています。この事例から、「実績・結果というのはどの時点で評価するべきか。翻って、半年ごとの目標達成率という数字は本当に成果といえるのか」という問題点がみえると思います。前期終了時では、質は問わず貸出残高を伸ばしたA君の評価が高いですが、今期になって考えてみれば、損失を出さなかったB君のほうを高く評価するべきではないでしょうか。

定量的な数値が目標になると、数値で計ることができない質的取組みがおろそかになってきます。上記事例で、倒産による損失を防いだB君は評価されず、危険な貸出を行った先が倒産して

損失を招いたA君が評価されるとしたら、だれもがおかしいと思うはずです。

目標に対して可視化された数字は評価されるが、可視化されない実績が評価されないのは不公平だと思います。債権保全の対応によって損失を免れたことが評価されないようでは、債権保全を積極的に行わなくなるのは当然です。評価されるためにはリスクある貸出でも実行したほうが得ということになるでしょう。

また、「貸すも親切、貸さぬも親切」という言葉があるように、貸出先の事業経営に真に役立つ貸出業務であるかどうかが、本当の意味での成果ではないでしょうか。ボリューム・利益という数値目標の達成ばかりに目をとられて、質的に重要なことを成果とみないようでは、真っ当な貸出を行う土壌に真っ当な貸出担当者は育ちません。

貸出業務は数字に表れる結果だけではなく、数字という結果に至るまでのプロセスに数字に表れない質的な成果があることを見逃してはいけません。

サン・テグジュペリの『星の王子さま』（一九七〇年第二四刷、岩波書店）で、王子さまと仲良しになったキツネが次のようにいいます。

「心で見なくちゃ、ものごとはよく見えないってことさ。かんじんなことは、目に見えないんだよ」（同書九九頁）

聖書「コリントの信徒への手紙：二4章18節」には次のように書かれています。「私たちは見えるものではなく、見えないものに目を注ぎます。見えるものは過ぎ去りますが、見えないものは永遠に存続するからです」。

目にみえる数字を追い求めた結果、貸出先との絆が弱体化するようでは、本末転倒といわざるをえません。

## 寄り道　量は質をカバーできない

緒方知行編著『鈴木敏文　考える原則』（二〇〇五年、日経ビジネス文庫）

「すべての物事について当てはまることは、量は質を絶対にカバーすることはできないということ。ところが、多くの人は量で質をカバーできると思っています。」（同書一〇八頁）

「企業にとって一番必要なことは、何よりも質を高めることです。もう量の時代ではありません。質の時代です。これからの競争は、質的に大きく変化します。」（同書一九三頁）

～イトーヨーカドー・グループを率いる鈴木敏文氏は同書で「お客様の満足を得られたものだけが生き残る」といっています。そのキーポイントは「質」です。貸出業務も質が大事であり、数値目標の達成は銀行の自己満足であり、真の顧客満足につながっていないことを知るべきです。

# 第5節　貸出業務の目標設定について

イソップ物語にある「うさぎとかめの話」はだれもが知っていると思います。うさぎとかめが競走するこの物語は、うさぎの立場からみると油断大敵、かめの立場に立てば、足の遅いかめでも一生懸命努力精進すればうさぎにも勝てるという教訓であると子供の頃に教えてもらいました。

でも別な見方もあります。筆者は、うさぎとかめの違いは目標の立て方にあると考えます。うさぎはかめに勝つことだけを目標にしていたため、かめとの距離の差をみて、まだ差があることに慢心し、そこに油断が生じて負けたと考えます。一方、かめはゴールである山の頂上に立つことを目標に掲げました。道程は遠く、険しい山道でしたが、一生懸命精一杯の努力を続けた結果、目標にたどり着き、結果としてうさぎに勝つことができました。

競争相手に勝つことを目標としたうさぎと、遠い先にある山の頂上に登ることを目標にしたかめの話は、銀行の貸出業務の目標をどのように考えるかという問題に通じると思います。競争他行に勝つことを目標にして、他行との数的格差の維持拡大や他行を数字競争で追い越すことを目標にしているとすれば、それはうさぎの発想といえます。貸出業務の目標を山の頂上に置き、そこへ登りつめること、すなわち他行との競争も大事であるが、自ら理想と考える貸出業務のあり方を目指して努力を続けることを考えているならば、それはかめの発想といえます。

うさぎとかめの競走は、目標をどこに置き、目標に向かってどのような行動をとるかが問われ、最終的な勝利者になるためには理想を高く掲げて王道を歩む者であることを教える話と考えることもできると思います。これは貸出業務の運営方針および目標を策定する立場にある役員、また支店で実際に顧客を相手に貸出業務を行う支店長が常に考えるテーマではないでしょうか。

筆者は、前著『貸出業務の王道』において、銀行の目標の決め方について二つの考え方があると書きました。その一つは、足し算の考え方で目標を設定することです。すなわち、「前期実績の数字」＋「競争他行をにらんで行わなければいけない数字」＝「今期目標」とする考え方です。これは、うさぎの発想に基づく考え方であるといえます。このような足し算的発想で目標を決めるやり方は、いままで行ってきたことと同じことを繰り返し行うという前提で、新しい発想に乏しく、競争相手との数的勝負に勝つための競争戦略であるといえます。この足し算的目標設定の方法は、環境変化に対する認識や企業戦略的思考を加えることなく、旧態依然たる考え方の延長線上にあるといえます。この考え方は、銀行自身が生活習慣病にかかっていることに気づいていないと同時に、業界内の勝敗とメンツにこだわっているものです。目標を数字で計り、数字だけでしか語れない経営では、貸出業務にかかわる本質的な問題は解決できません。数的目標の達成で得られることは、数字で評価される側面に限られ、数字に表れない質的な問題点の解決に必ずしもつながるとは限らないことを知るべきです。

もう一つは、引き算の考え方で考えることです。具体的には、「将来のあるべき姿を考える」－「現状を直視し実態をみる」＝「行わなければいけないこと」という式で表されます。ここでの「将来のあるべき姿を考える」ことこそが、かめが目標とした山の頂上のゴールを意味します。この式は足し算の考え方と異なり、式に数字はありません。数的目標とは別に、「このようにあるべきだ」という姿についての議論があります。かめの発想は、相手との勝ち負けより、顧客がどのように銀行をみているかのほうを重視しています。それは、銀行の財産は顧客からいただいている信用と信頼であるという答えから導こうとする考え方に立つからです。この視点をもたずにつくられた数的目標を達成したとしても、そのことは銀行として自己満足するかもしれませんが、顧客や経済社会が望むものであるかどうかは別の問題であると思います。

さて、銀行の貸出業務に対して責任と権限をもつ役員・本部は、貸出業務に関する目標の立て方について、その考え方の基軸はどのようにおもちでしょうか。これからも、競争相手と半期ごとの数的勝負に勝った負けたを繰り返す貸出業務を続けていくのか、それとも「貸出業務のあるべき姿」について議論し、その理想を高く掲げ、「貸出担当者が歩むべき王道の心得」を現場で徹底的に教え、実践することから始めますか。

## 寄り道　吉田満著『戦艦大和ノ最期』

『吉田満著作集（上巻）』（一九八六年、文藝春秋）より抜粋（四二～四三頁）。

兵学校出身ノ中尉、少尉、口ヲ揃ヘテ言フ「國ノタメ、君ノタメニ死ヌ、ソレデイイヂャナイカ、ソレ以上ニ何ガ必要ナノダ……」

學徒出身士官、色ヲナシテ反問ス「～ソレハドウイウコトニツナガツテヰルノダ。～コレラ一切ノコトハ一體何ノタメニアルノダ」

遂ニ八鉄拳ノ雨、乱闘ノ修羅場トナル……。

痛烈ナル必敗論議ヲ傍ラニ、哨戒長臼淵大尉……、低ク囁ク如ク言フ「進歩ノナイ者ハ決シテ勝タナイ、負ケテ目ザメルコトガ最上ノ道ダ～」

～これを読むと、正論と名誉が衝突し、結果は無謀であると知りながら名誉を重んじる空気が大勢となり、無理な出撃をして戦艦大和は沈没しました。

純粋な気持ちをもち、行動するに際し納得する理由を求める若い貸出担当者を学徒出身者、昔から慣習的に行ってきた手法にこだわり、古い考え方で凝り固まった役職者を兵学校出身者に置き換えてみると、銀行においても問題点について正面から議論することなく、若い担当者の主張を超える古くて重い空気が方向性を決めているように思えます。議論の内容より、だれがいっているのかという言い手に関心がいくような組織は堕落しているとしかいいようがありません。

数値目標を達成するために無謀な貸出を行い、それが不良債権になったとき、「あのときの空気では、ああせざるをえなかった」ということですませることでよいのでしょうか。

# 第3章

# 堕ちた担当者のレベル

# 第1節　貸出業務は免許制

銀行法第四条（営業の免許）は、「銀行業は、内閣総理大臣の免許を受けた者でなければ、営むことができない」と書かれています。そして、銀行法施行規則第一条の八（営業の免許の申請等）では、「内閣総理大臣は、～法第四条第二項に規定する審査をするときは、次に掲げる事項に配慮するものとする」として「銀行の業務に関する十分な知識及び経験を有する取締役、執行役、会計参与若しくは監査役又は従業員の確保の状況」と書かれています。

上記施行規則によると、銀行免許申請時の審査において、貸出業務に関しても「十分な知識及び経験を有する取締役…従業員の確保」について確認されているはずです。このことは、当然のこととして銀行は受け継いでいかなければいけません。

その趣旨からして、銀行は免許事業の重要な柱である貸出業務を担当させる人たち（支店長・役職者・担当者）に対して、貸出業務を行うに際し必要かつ十分な知識等の教育指導を行う責務があると考えます。法人として免許を受けているにもかかわらず、貸出業務を行うレベルに至っていないような者を同業務に就かせるようでは、まるで貸出業務という重要な業務を無免許の者に行わせていると指摘されても仕方がないのではないでしょうか。

あなたは、支店長として、役職者、担当者として、貸出先から借入申出があったとき、当該案件を検討するに必要な経済、財務分析、法律等の知識をもち、自信をもって貸出業務を遂行することができるレベルにあると思いますか。

貸出先が銀行に期待することは、資金が必要なときに単に金を貸してくれる機能だけでしょうか。資金繰りが切羽詰まって、金を借りられないと資金ショートするような状態の貸出先では、単に金を借りることだけが目的となり、唯一の関心事かもしれません。しかし、通常の場合、貸出先が銀行との貸出取引で期待することは、銀行に金融・財務のプロとして、またさまざまな情報をもつ機能をもとに、自社経営に対して総合的なコンサルティング機能を発揮してもらうことではないでしょうか。

単に資金を貸付するという機能だけを担う貸金業は免許制ではなく登録制です。金を貸すという同じ行為でありながら、免許制の銀行と登録制の貸金業に違いがどこにあるのか、銀行で貸出業務に携わる人は考えなければいけません。

貸出業務に携わる人が、無免許運転のような状態で貸出先と接することは問題があります。あなたが飛行機に乗るのは、パイロットが飛行機を安全に操縦できると信頼しているから搭乗するのです。安全に操縦できないパイロットだったら、その飛行機には乗らないでしょう。同様に、十分な医学知識がなく、医療技術が未熟な医師のところにあなたは診察してもらいたいと思いますか。どちらも、その職のプロとして専門知識や技術をもっているから信頼されるのです。パイロットも医師も、個人として資格や免許をもっています。ところが、お金という大事なものを扱い、かつ免許事業の一つである貸出業務に携わる者には資格も免許もありません。

しかし、貸出先があなた宛てに借入に関する依頼や相談に来るとき、貸出先はあなたをパイロットや医師と同じように貸出業務に関する知識を備えていることを期待し、信頼して来ているのです。その信頼を裏切ることになってはいけません。

いまさら、貸出担当者にも資格や免許を与えることが必要であるという制度上の問題点を指摘し言い出しても仕方ありません。大事なことは、そのような制度上の資格や免許がなくとも、貸出業務のプロとしていわれるほどに、信頼されるレベルに到達していなくてはいけません。そのためには、担当者自身が自己を高める努力を不断に行うことも大事ですが、銀行としても人材育成に責任があることを再認識する必要があります。

貸出業務に関する知識レベルは低い無免許状態にもかかわらず、貸出先に対していつもお願いベースで「借りてください」が口癖のセールスマンでは、いつまでたっても貸出先から信頼されることはないでしょう。金利引下げ競争で貸出を伸ばしたいという考えならば、貸出先にＦＡＸで低い金利の提案書を送ればすむことで、そこに免許をもつ人はいりません。

## 寄り道　「医師法」を読む

「医師法」

第二条　医師になろうとする者は、医師国家試験に合格し、厚生労働大臣の免許を受けなければならない。

第七条2　医師が第四条各号（＊）のいずれかに該当し、又は医師としての品位を損するような行為のあったときは、厚生労働大臣は、次に掲げる処分をすることができる。

一　戒告

二　三年以内の医業の停止

三　免許の取消し

（＊）第四条各号

（一～三は略）

四　前号に該当する者を除くほか、医事に関し犯罪又は不正の行為があった者

～貸出業務に携わる者に、銀行の本業である貸出に関する資格試験はなく免許もありません。本業に関して試験も資格もないにもかかわらず、他業態の商品を販売するためには証券外務員試験等を受けなければいけません。

～貸出担当者としての品位を損する行為や不正があったにしても、「医師法」で定められるような公の処分はありません。貸出担当者として処分されることはありませんが、筆者は次章で述べるような〝恥ずかしい行為〟は銀行及び自らの品位を損する行為であると思い、行うべきではないと考えますが、あなたはどのように考えますか。

## 第2節　他律的生き方

あなたは、貸出業務を行う意味をどのように考えていますか。前章第2節で「目的＝目標＋意味」という算式を書きましたが、貸出業務を行うに際して、その行為の意味を考えて、貸出業務を遂行している人は少ないのではないかと思います。

次の会話を読んでください。

「なぜ目標達成にこだわるの？」

「良い評価を得たいんだ」

「なぜ良い評価を得たいの？」

「ボーナスを多くもらいたいし、早く支店長になりたいからさ」

「なぜボーナスを多くもらいたいの、なぜ支店長になりたいの？」

「給料も高くなるし、同期に負けたくないからね」

「なぜ給料が高く、支店長になると嬉しいの？」

「だって気分がいいじゃないか。経済的に余裕もできるし」

「なぜそう思うの？」

「高級な車も買え、高級マンションに住めるじゃないか」

貸出業務を行うことについて質問したときの受け答えがこのようであった場合、貸出業務を行うことは、同業務を行うことに意味を見出しているのではなく、同業務を行うのには別の目的があり、その目的を実行するのはまた違う目的のためといったように会話が続いています。

これがカントのいう他律的な決定といわれるものです。他律的に行動するというのは、だれかが定めた目的のために行動することです。「目的＝目標＋意味」の算式において、仕事の意味がゼロであるとき、その人にとって「目的＝目標」となりますから、その人は与えられた目標を達成することが自らの目的になってしまいます。その結果、その人は目標を定める人にとって、目標達成のための道具としての存在にすぎないということを知るべきです。

パイロットは一回ごとのフライトで乗客を目的地へ安全に運ぶことを目的に働きます。医師は患者の生命を守り、病を治すことを目的に働きます。貸出担当者は、貸出先の事業運営に役立つことを目的に働くべきでありながら、その意味を忘れ、与えられた目標達成が目的であるという働き方をするとき、真っ当ではない貸出業務を行うことになりかねません。

この対極にあるのがカントの自律的という概念です。自分の意志に従って自律的に行動するとき、その人は自らの行動のために、その行動自体を究極の目的として行動していることになります。そのとき、その人はだれかが定めた目標を達成するための道具ではありません。自ら考え、自分の仕事に意味を見出し、自律的に行動する能力こそ、人間に与えられた尊厳ではないでしょうか。

あなたは貸出業務を行うに際して、他律的な生き方でよいのか、それとも自律的な生き方を目指しますか。

## 第3節　貸出担当者のレベル低下

現役の担当者の貸出業務に関する能力レベルは堕ちているように思います。その理由として次の三点が考えられます。

① 技術の進歩に依存しているため。
② 分業体制になっているため。
③ 教育指導、育成のシステムができていないため。

技術の進歩に依存していることで担当者のレベルが低下したことについては、コンピュータ技術・パソコンの普及等の影響が大きいと思います。昔は手書きで行っていた作業は、コンピュータによって合理化・効率化が進み、決算分析をはじめ、取引先概要表、金融機関別取引推移表、商手名寄せ、担保明細表等々は自動作成されるようになりました。この便利さに慣れた現役の人たちは、昔日の人間が手作業でやってきたことを、自分で同じようにできなくなっています。自動作成された資料をみることと、自らが手作業で作成することでは、問題点の発見や認識、事実の記憶、論理的考え方の訓練等、頭のなかへの入り方や整理が格段に違います。

決算分析を例に話してみます。決算書をもらってきた担当者は、決算書をコンピュータ分析する部署に送り、分析結果が出てくるまで、自ら電卓をたたいて決算書を分析することは行っていないと思います。このような習慣が続くと、自分一人で電卓を利用して決算分析を行うことができなくなります。そうすると、取引先において生の決算書をはさんで貸出先の社長（あるいは経理部長）と、決算書からみえる経営上の問題点についてその場で話すことができなくなります。さらに、決算書の見方や読み方について後輩に教えることができなくなります。その悪循環は、銀行全体の貸出業務のレベル低下を招いています。

信用保証協会に保証を依頼するとき、自らが決算書をみないで決算書を保証協会へ丸投げし、協会から決算書の内容について質問の電話がくることにおびえ、電話があると質問に答えられない人がいます。情けない話ですが、決算書を読めない担当者が多いことは事実かと思います。

これを比喩的にいえば、毎日の夕飯のおかずをスーパーの総菜を買ってきてすませる主婦と同じです。新鮮な肉や魚、旬の野菜を買うときの目利きチェックポイントがわからず、料理も自分一人でつくれません。そういう主婦は子供に料理を教えることはできません。このようなことでいいのでしょうか。貸出担当者の育成についても、これと同じような悪循環に陥っていませんか。

分業によるレベル低下については、たとえば担保評価を関連会社に委託している銀行の担当者は、自ら現地に行き、担保評価を行ったことがないばかりか、登記簿謄本の取り方、読み方も知らない者がいるそうです。また、渉外（営業）と融資事務に組織・担当を分けている銀行においては、渉外担当者における事務知識、法律知識のレベルが低いことが気にかかります。

不動産担保設定契約書等を徴求するとき、契約書に先方の署名捺印を求めるに際し、自らは契約書を読まないまま、事務的に署名捺印を求める人がいます。先方から契約書条文について質問されると答えられない人がいます。銀行取引約定書に記載された条項の意味を知らない人、そもそも銀行取引約定書を読んだことがない人もいるようです。

貸出先との基本契約である銀行取引約定書の内容を理解せず、担保設定契約書の条文を理解せず、署名捺印だけもらう自分自身に、恥ずかしいと感じないのでしょうか。

不良債権の処理が一段落してから採用をふやしてきた銀行では、支店に若手を配属した結果、若手の教育指導に手が回らないという支店長がいます。筆者は貸出業務に携わる人材育成の基本は支店におけるＯＪＴが重要と考えていますが、支店にはその意欲も余力もないようです。その結果、貸出担当者の育成はおろそかにされ、貸出業務を無免許運転の者に任せている実態があります。貸出担当者のレベル低下の最大の問題は、貸出先から信頼されなくなることです。

## 第4節　意図に対する期待としての信頼

貸出業務においては、銀行と貸出先との相互信頼関係が重要であります。その「信頼」という言葉には二つの異なる意味があることに注意しなければいけません。信頼という言葉は、道徳的な社会秩序を期待するという意味ばかりではありません。区別して考えるべきは、「能力に対する信頼」と、「意図に対する期待としての信頼」です。

本章第1節で、飛行機に乗るのはパイロットが飛行機を安全に操縦できると力を信頼しているから搭乗すると書きました。病院に行くのは、医師の能力を信頼しているからと書きました。これは職務に関する能力を有することに対する信頼です。

貸出担当者が経済や法律等の知識が十分でない場合、すなわち「能力に対する信頼」が一定レベルに達していない場合は勉強し、努力することで克服できます。要は、自己啓発を継続的に行うことで知識をふやすことはできます。

筆者が問題視するのは「能力に対する信頼」のほうではなく、「意図に対する期待としての信頼」に関してです。

貸出先が銀行を信頼して行動するということは、銀行を信頼しないで自らが注意深く行動する場合よりリスクがあります。経済社会一般において、法人も個人も相手が銀行である場合、銀行は信頼できる相手であると思って（＝信じて）行動しています。「銀行が自分をだますわけはない」「銀行が損するような商品を売りつけることはない」「銀行が自己利益のための自分たちから搾取的な行動をとるわけがない」という言葉は、銀行を信頼していることから出る言葉です。

しかし、バブル時期の貸出や、銀行に勧められた変額保険やデリバティブ商品によって大きな損失を被った法人や個人は、いまは相手が銀行だからといって、自分の身が危険にさらされてしまうことがあることを学習して知っています。

それでも、資金調達を銀行からの借入に依存している貸出先は、銀行が貸出業務において誠実に対応してくれるという「意図に対する期待としての信頼」までなくすわけにはいきません。

ところが、貸出先から頼まれたことを担当者が誠実に応えないことが全行的に問題となり、顧客依頼事項をパソコンに登録し、回答期限を上司が管理することになった銀行があります。貸出先から頼まれたことを失念するのか、それとも意識的に放置するのかは知りませんが、そこまで担当者のレベルは堕ちたかという感を免れ得ません。約束を守ることができない人は、信用されません。

貸出業務において、銀行はそんなにひどいことはしないだろうと貸出先が期待するのは、支店長、役職者、担当者が良心をもつ人間であると確信したとき、銀行の善意を人を通して信頼することができるからです。取引先は支店長、役職者、担当者の人格の高潔さについてまで見極める自信がない場合でも、自分に好意をもっていることがわかる場合には、「意図に対する期待としての信頼」がわくと思います。

少なくとも、銀行を相手にして、貸出先が信頼するに値する行動をとることを期待できるかどうかは、多くの部分を貸出業務に携わる人の人格の評価や、その人たちが自分たちに示す態度や感情の評価に依存するといえます。

したがって、貸出業務に携わる人たちは、取引先がもつ「意図に対する期待としての信頼」を絶対に裏切ってはいけません。いやしくも、次章で筆者が書く恥ずかしい貸出を行うことは、信頼をなくすことにつながることを知るべきです。

## 第5節　貸出先のことを知っているか

貸出業務は判断を伴います。正しい判断を下すためには、考えることが必要であり、考えるためには判断すべき対象である貸出先についてよく知ることが大事になります。

貸出先の企業概要や事業内容について誤った認識をもっていては（＝知らずして）、正しい貸出判断を下すことはできません。正しい貸出判断を行うためには、貸出先について理解し、正しく知ることに努めなければいけません。その際、先入観を捨てて、素直に純粋な気持ちで貸出先を知るように努めることが大事です。特に注意するべきことは、上司や前任者の意見を鵜呑みにしたり、それに左右されないことです。その情報を参考にすることはかまわないですが、上司や前任者の意見を受け入れる前に、まず自分自身で考え、冷静かつ公平にみて知る努力が必要です。

もとより、このことはそう容易なことではありません。どうしても主観的な関心をもたざるをえませんが、それに固定することなく、いろいろな側面や異なる視点から貸出先をみて、知ることに努めるべきだということです。

ところが、多くの銀行は、バブル期以降、貸出先の事業内容を理解する前に、目先の目標数値を追い求める姿勢に陥り、貸出先との相互信頼関係とその絆は弱体化したといえます。その原因は、支店長、役職者、担当者が貸出先のことを知らないまま、数値目標だけを意識した貸出業務に走ったことにあります。銀行が行う貸出業務は単なる金貸しではありません。

第3節で、コンピュータ技術・パソコンの普及等により、貸出業務における作業の合理化・効率化が進み、取引先概要表、金融機関別取引推移表、商手名寄せ、担保明細表等々が自動作成されるようになったことを書きました。そして、その便利さに慣れた現役の人たちは、自動作成された資料の内容についてみることはしますが、しっかりと読むことはしないためか、貸出先に関する情報が頭のなかに入っていない人が多いようです。

あなたは自分が担当する貸出先に関する企業概要（設立年、資本金、従業員数、関連会社、借入金額、直近の売上げと経常利益等）と事業内容（生産製品・販売商品、業界動向、主要仕入先・主要販売先、経営の問題点等）をどれほど知っていますか。残念ながら自分が担当する貸出先に関する情報を頭のなかに入れている人はわずかしかいないと思われます。むしろ、頭のなかに入れる前段階の基本的な情報さえ整理されていない実態があります。貸出担当者として、自分が担当する全貸出先の企業情報を覚えることは無理ですが、少なくとも重要な貸出先の企業情報は覚えておきたいものです。

ところが覚える以前の問題として、取引先概要表等の資料の記載内容に間違いがあったり、最新情報に更新されていなかったり、信ぴょう性を疑うような記述がみられます。他の資料との整合性に齟齬が生じている場合も多く見受けられます。

たとえば、貸出先のクレジット・ファイルに綴じてある資料についてです。筆者が研修で伺った地銀において実際にみた事例を以下に書いてみますので、あなた自身も自分が担当するクレジット・ファイルを見直してみてください。

「取引先概要表」において、

・会社設立年月日が貸出取引開始日より後になっている。

・代表者の経歴と会社設立年を照らし合わせると、代表者が一五歳時で起業したことになる。
・資本金欄に三億円と記載されているのに、決算書の資本金は一〇〇〇万円となっている。
・業種欄には卸売業と記載されているが、稟議書に海外現地法人における生産スケジュールについて説明あり。～製造業か。
・大株主欄に記載された大株主の持株金額の合計が資本金を上回る。
・不動産担保設定額六〇〇〇万円と記載されているが、決算書の土地の簿価は〇、建物の簿価は五〇〇〇万円。～第三者が提供した担保か。
・金融機関別借入残高推移の借入金合計額が九〇〇〇万円であるのに、決算書に載っている短期借入金額と長期借入金額の合算は一億一〇〇〇万円で異なる。
・貸出方針は「消極方針」と書いていながら、貸出残高・シェアとも漸増している。

また、貸出先の事業の実態や、取扱商品の市場・業界動向を検証する姿勢も弱いように感じます。

銀行は、情報の非対称性を前提にした数値目標だけの貸出取引を行うのではなく、自らを取引先の相談役的立場に置き、対称化された関係から貸出に応じることが、貸出業務の質を高め、債権保全面でも好ましいと考えます。貸出先の企業概要と事業内容が頭に入っていない人が、資金需要が発生する理由や借入必要金額や担保等について語れるでしょうか。

## 第6節　貸出判断を行わない（行えない）担当者

貸出業務の中核は、借入申出があったとき、貸出の可否（貸すか貸さないか）を決める判断にあります。その判断を行う主体は言うまでもなく銀行の担当者であります。ところが、自ら主体的に行わなければいけない貸出判断を放棄するような場面がみられます。そこまで担当者のレベルが堕ちている現実があることに筆者は驚いています。

数年前、「金融庁の検査が厳しいので貸せません」ということを金融機関の者がいっているという話を耳にしたことがあります。その事実関係は知りませんが、借入の申出を謝絶するに際し、自分の意見・自行の判断の結果を伝えず、〝金融庁の指導により〟ということで、他に責任転嫁するような行為はいかがなものかと思います。そもそも金融庁が個別貸出案件に口をはさむことはありえません。にもかかわらず、もしそのような発言を行った者がいるとしたら、借入申出を謝絶する責任は自分のところにないということをいいたいのでしょうか。それとも、そもそも審査を行っていないのではないでしょうか。リスクテイクする、しないの判断を自ら合理的に説明できず、金融庁の名前を出して謝絶したとしたら、無責任極まりない行動であると思います。そのような者は貸出の担当から外れるべきです。

最近は、金融庁を引き合いに出して謝絶したというような噂は聞かなくなりましたが、かわりに耳にするのは「保証協会が保証してくれたら貸す」という言い方です。これも実体的には金融庁を引き合いに出して借入申出を謝罪するのと基本的には同じです。要するに貸出判断の主体としての責任を自ら放棄しているのです。

貸出を行うのか、行わないのかという判断・意思決定は銀行が行うものです。それを「保証協会が保証するということが決まったら貸す」ということは、判断は保証協会に委ねるということであり、そこに自分の存在意義がないということにほかなりません。

借入申出に接したら、借り手企業の財務内容や業況を審査したうえで、リスクテイクの判断結果について説明する責任は金融機関側にあることさえ忘れているようでは貸出の担当から外れるべきです。

「担保があれば貸す」という考え方もこれに似ています。これは質屋金融と同じで、資金使途は問わず、担保処分を前提に回収できればよいという考え方です。銀行の貸出は、貸した金が事業に投資され、売上げ・利益になって、利息とともに返済される貸出であるべきで、「担保があれば貸す」という考え方の担当者も失格といえます。

# 第7節　できていない資金使途の検証

筆者の最初の著書である『事例に学ぶ貸出判断の勘所』(二〇〇七年、金融財政事情研究会)の帯に「貸出業務の生命は資金使途の検証にあり!」と書きました。真っ当な貸出業務を行うに際して資金使途の確認は、最も大事なことであります。ところが、筆者が地銀等で実際に貸出案件の事例に接すると、この資金使途の確認がおろそかになっていると感じることが多々あります。

資金使途の検証がおろそかになっていることは次の三つの視点からいえます。

① そもそも資金使途に関する認識が間違っている。

② 業界動向と照らし合わせて、資金需要発生の事由を確認していない。

③ 貸出実行後の資金使途を確認していない。

以下に上記三点について実例をあげて説明いたします。

## (1) 資金使途の認識

資金使途について誤った認識が多い三つを取り上げて説明いたします。

① 新規に発生する経常運転資金を資金使途として貸出する

経常運転資金は企業の創業時から発生するものです。新たに創業され設立された企業でない限り、経常運転資金が新規に発生するということは理論上ありえません。

経常運転資金貸出で新規取引を開始するということが成り立つ場合は、企業側に立っていうならば、既存経常運転資金として借入している金融機関の入替えで参入する場合と、増加運転資金の発生により経常運転資金がふえる場合に限られます。

それ以外に、企業側が経常運転資金貸出が発生するという理由で借入申出がある場合は、赤字資金、滞貨資金、つなぎ資金、減産資金等であるかもしれませんので、資金需要発生の実態を正確に把握する必要があります。

② 経常運転資金を長期運転資金という人

企業は一年ごとに決算を行います。経常運転資金の算出は、「(受取手形＋売掛金＋在庫)－(支払手形＋買掛金)」で算出されます。この数値は決算ごとに変わります。一年ごとに変わる経常運転資金のことを長期運転資金ということは適切ではありません。

一方、経常運転資金を長期貸出で対応している金融機関があります。それ自体は各金融機関の考え方に基づく貸出方法でありますから、筆者が異論をはさむつもりはありませんが、経常運転資金を長期貸出で対応することをもって「長期運転資金」といっているようですが、それは間違いです。あえていうならば、「経常運転資金を長期貸出で対応する」という言い方が正しいです。筆者の考え方に異論をもち、〝長期運転資金はある〟と言い張るならば、長期運転資金の金額の算出方法を教えてください。

③ 返済期間半年以上、または実行月が毎年不定期の季節資金貸出

研修の場で、季節資金貸出の事例として、賃貸アパートのあっせん業者や観光バスの会社をあげた人がいます。賃貸アパートのあっせん業者は新年度をはさむ三、四月に学生や社会人の入居が多いことは事実です。観光バス会社にとって秋が社内旅行や修学旅行が多い季節だそうです。しかし、これは売上げに季節性があることを指す事実ですが、貸出業務の季節資金とは違います。

賃貸アパートのあっせん業者が借入して賃貸物件を購入し、自社物件として貸すことはありません。秋にバス旅行が多いからといって、観光バス会社が毎年同じ時期に借入してバスを購入して半年で返済することはありません。

季節資金貸出とは、商品・製品の需要時期が毎年同じパターンで現れる際、商品の仕入れや原材料の調達を毎年決まった時期（月）に行い、一時的に在庫を積み上げるために行うため必要な金額の貸出です。資金使途の性格からして、貸出期間は半年が多く、一年を超えることはありません。

## (2) 業界動向の確認

資金使途の検証を行うとき、資金需要が発生する背景として業界の動向を確認することも重要です。原材料費、仕入値や流通価格のアップという事情説明があったとき、貸出先が行う説明を鵜呑みにしないで、自らがその事実を確認することが大事です。それは担当者の仕事です。

筆者が実際に出会った具体例で説明します。

○灯油価格が大幅に値上りしている（二〇〇五～二〇〇八年の間に約五〇％の値上り）のに、その間の売上げが横ばいということは……?

○正月用品（水産物：塩数の子・いくら・まぐろ）は昨年より高くなると予想されている（東京都中央卸売市場ＨＰ）のに、前年比仕入価格を下げた季節資金借入申出の信ぴょう性は……?

○太陽電池は新エネルギーとしての成長産業であるという思い込みから同関連業界の赤字会社に貸出の売込みをするも、同業界の実態は競争が厳しく、価格変動も大きく、リスクが大きい……。

貸出先が提出した資料の内容について、担当者は必ず〝健全な懐疑心〟をもって中身の検証を行わなければいけません。資金を必要とする会社は、業界の将来性や事業計画について先行き明るい話で銀行を納得させようとします。文系出身の銀行員が工場見学に行くと、工場の大きさや機械の稼動をみて、技術的な説明を受けると、その説明を鵜呑みにする傾向がありますが、ここも冷静に説明された内容について検証を行うべきです。

いまの時代はインターネットでさまざまな情報を検索することができます。業界、商品・製品、同業他社の動向等の情報と、貸出先が行う説明とを照らし合わせるなどして、必ず申出事情の検証を行うように心がけてください。

## (3) 貸出実行後の資金使途のフォロー

資金使途の確認は、貸出実行後も行います。しかし、貸出実行後に資金使途をフォローしている担当者は少ないと思われます。

そもそも、貸出実行後に資金使途のフォローを行うことを教えられていないのではないでしょうか。上司、先輩もそのようなことを行っていないし、教えていない銀行があります。借入申出内容の検証において、資金使途はチェックしているからといってそのとおり貸出金が使われているとは限りません。貸出金が、当初の資金使途と異なる使われ方を知っていながら放置していてはいけません。なぜならば、銀行が承知している資金使途から外れて他の目的に流用されると、返済原資が不確実になり、当該貸出の安全性は損なわれることになるからです。

筆者が実際に出会った具体例で説明します。

○流通センターを建設するための土地購入資金を貸したにもかかわらず、貸借対照表の土地の金額は不変。本来ならば、購入した土地の金額分がふえるはずなのに……。
○来期売上げが伸びるという予想のもとに増加運転資金として貸したにもかかわらず、決算確定後の所要運転資金を算出してみると増加運転資金は発生していない……。
○賞与資金として貸したが、後になって勘定科目内訳明細書をみると、賞与支給額は貸出金の半分以下であった……。

貸出金の資金使途が当初の申出と異なることが判明した場合には、あらためて資金使途の妥当性について検討しなければいけません。回収に懸念がないならば、厳重注意のうえ、当初約定の貸出を継続することでもよいと思います。しかし、返済原資が確認されないとか、債権保全に懸念があるという問題が発覚した場合は、銀行取引約定書に基づき期限の利益を失わせ、回収を図る必要性が生じることもありえます。何よりも、貸出金の使途をフォローしない銀行は、貸出先から脇が甘いとみられ、〝うまく借入できれば、あとはこっちのもの〟と思われていると思います。

# 第8節　できていない動態的債権管理

経営学において「売上げなくして利益なし」という言葉があります。銀行において貸出を売上げとみなせば、「貸出なくして利益なし」と言い換えることもできます。しかし、商品の売上げと異なり、貸出業務には返済リスクが伴います。貸出金が返済されないことになれば、売上げを立てたにしても利益どころか、貸出金額が丸々損失になることもあります。そこで、銀行においては「回収なくして利益なし」という言い方が適当であると考えます。

貸出担当者は、貸出を実行すれば一役終わりであると思っていたら大間違いです。当該貸出金が回収されるまでが担当者としての仕事であり、責任の範囲と心得なければいけません。

貸出先は人間と同じ生き物としてみてください。人間の場合、定期的に行う健康診断や人間ドックの結果、健康に問題なしといわれた人も、数カ月後に風邪をひいたり、それが原因で肺炎に罹ることもあるし、検診時にはわからなかったガンが見つかることもあります。あるいは突然に心筋梗塞で倒れて亡くなることもあります。

企業も同様です。年一回行う決算分析の結果、財務内容的には大きな問題点はなく、経営者も事業経営に真摯に取り組んでいながらも突然に売上げが落ちたり、交通ルールを守って運転していてもらい事故に遭遇することがあるように、予想外の出来事によって経営不振に陥り、資金繰りが逼迫し倒産の危機に瀕することもありえます。

そこで貸出担当者として大事なことは、貸出金を期限に回収するまでの間、貸出先の業績や経営状況を常にウォッチする債権管理という仕事です。債権管理を行うことによって貸出先の事業経営に起きた異変・異常事態をいち早く察することができ、貸出金に対する債権保全の対応策をとることができます。

ところが、貸出先の業績や経営状況を常にウォッチすることを怠り、債権管理を行っていない担当者がいます。

三月決算の甲社の業績が気になっている支店長が担当者のA君に聞きました。「甲社の業績はどうだ?」。A君は、「まだ決算書をもらっていないのでわかりません」と答えました。決算書の提出がないからという理由で、貸出先の業績がわかりませんという担当者は失格です。社長や経理部長宛訪問したときに業績について聴取したり、月商を毎月ヒアリングすることで、前年同月対比、あるいは前年同期間との実績対比で業績動向を把握することはしていないのでしょうか。また、預金の動きをみることも大事です。なぜならば、企業の経営状態が悪化するときというのは、販売先からの入金の遅れや、支払先への支払遅延が起きたり、借入金額がふえたり、異常な入出金があるというように、動的なデータに異変が起き、それは主として当座預金の動きに現れます。

債権管理を行ううえで大事なことは、過去の数字やシェアの変化をみることではなく、「いま」「直近」の実態を把握することにあります。そのアプローチ方法として、一つは、自ら（自行）が直接取引先の変化を感じ取る方法と、もう一つは、他行や仕入先等のスタンスの変化から取引先に生じている変化を感じ取る方法があります。動態的に実態把握を行う方法として次のようなことがあげられます。

(1) 自ら（自行）が取引先の変化を感じ取る方法

・月商ヒアリング：前年同月比、前年同期間比における顕著な増減

・預金動向　　：当座預金における不自然な入出金

法人・同族個人の定期預金の期日前解約

・借入申出の変化：商手割引が減少し単名借入にシフトの傾向

当座貸越・手形貸付の極度増額依頼

(2) 他行や仕入販売先等のスタンスの変化から感じ取る方法

・主力銀行の貸出スタンスの変化：

経常運転資金貸出に約弁が付与されたように残高が減少し始めた

決算賞与や季節資金貸出の分担シェアが落ち、実行月がずれている

・増加運転資金の発生要因：
売上債権回転期間の長期化～売掛期間、手形サイトの延長等
支払債務回転期間の短縮化～買掛期間、手形サイトの短縮等
在庫回転期間の長期化～不良在庫の発生等

企業は生き物であるということは、日々の管理が必要であるということです。貸出業務の場合は、日常的に行う債権管理が、貸出業務の要諦である債権保全につながるということを忘れてはいけません。

## 寄り道　崩壊した銀行の情報生産機能

本島康史著『銀行戦略論』（二〇〇三年、日本経済新聞社）

「金融事業は、単におカネを移転させる事業ではない。むしろ情報「生産」活動こそ、金融事業の付加価値がある。（中略）

昔、銀行員がバンカーと呼ばれていた時代には、顧客企業のことは隅から隅まで熟知していた。したがって情報生産の品質はきわめて高く、積極的に経営者に助言を行うことで能動的にリスクを管理していた。企業の経営者に対し、投資を思いとどまらせたり、逆に思い切った事業展開を提案するという指南役を担っていた。

しかし、いまの銀行員の多くは、残念ながらこうした役割を担っていない。単に顧客に財務諸表をも

らいに行くだけで、一〇分か一五分だけ話をして帰ってくる。顧客の事業に対する理解が低下しただけでなく、顧客に「言われれば動くが、言われないと動かない」受け身の存在になってしまった人が多い。（略）「いまの若手銀行員の多くは企業を見る目がない」という声は至るところで耳にする。生産能力がないメーカーが立ちゆくはずがないのと同様、生産能力が崩壊している銀行事業が立ちゆくはずがない。銀行事業における情報生産能力の崩壊は、不良債権以上に深刻な問題なのである」（同書三六～三七頁より抜粋）

# 第4章

# 恥ずかしい行為

## 第1節　本業に対する正しい認識

『第一銀行史』（一九五七年・非売品）の「序」に、第一銀行を創立するにあたって渋澤栄一が語った言葉が記されています。

「銀行ノ営業ノ如キハ産業工作商売販沽ノ途ニ直接セスト雖モ凡ソ之ニ間接シテ其レト与ニ盛衰セサルナキハ能ハサルハ猶影ノ形ニ随フカ如ク相俟チテ離レサル者ナリ」

すなわち、銀行は自らモノをつくったり販売することはないが、モノをつくり販売する会社の盛衰とともに歩む存在である、言い換えると、銀行は実体経済の影として、脇役・黒子として、銀行は取引先の堅実な繁栄によってのみ発展することを述べています。

このことは、銀行業の本質は無形なところにあるということも示唆するものと考えられます。それは、貸出先との相互信頼関係であり、確実なる事務であり、正直で誠実な行為に対する「信頼」と「信用」が銀行の原点であるというところにポイントがあります。

本業に対するこのような本質を忘れ、貸出業務において「顧客第一」「顧客満足」といいながら、やっている行為の実態は「銀行第一」「銀行満足」であっては、貸出先から信用を得ることはできません。あるいは、「コンプライアンスを経営の最重要課題として位置づけている」とディスクロージャーでうたい、「高い倫理観をもって日々の業務を遂行する」とも書きながら、自分勝手な理屈で銀行都合を優先させ、貸出先には無理なお願いをするという行動を行っていることに何も感じていない人がいます。「顧客第一」「顧客満足」という言葉はスローガン倒れで、「有言実行」されず、「有言不実行」の担当者と銀行は、貸出先から信用・信頼されるでしょうか。

銀行業界においては、他行が行っていることが法律に抵触するかもしれないというとき、それは不適切な行為ではないかと自ら考える前に、「他行もやっているなら」という考え方に傾きがちです。これは同じ銀行内でもいえます。他の支店が収益をあげるためにやっている方法をみると、その内容の是非を考える前に「当店でもやろう」ということになります。それが後から問題になったとしても「他行が、他店がやっていたから」という言い逃れが成り立つと思っているのかもしれません。

そのような思考回路をとることは、目的と手段が逆転することに気づかなくなります。もとより、銀行の貸出業務の本質は、貸出先に対して必要な資金を供給するとともに、貸出先の事業経営に資する有用な情報等の提供にあります。その結果、貸出先の売上げ・利益があがり、それが銀行の収益をもたらすことになる……という基本が忘れ去られ、銀行が収益をあげるためには……という手段から考え始めるようになります。

第2節以下に、具体的な事例（＝銀行にとって不愉快な事実・不都合の真実）を記してみます。そのような行為は許されることなのか、あなた自身もあらためて考えてみてください。「銀行の常識」といわれていることが、実は「世間では非常識」とみられる行為であることに気づいてほしいと思います。

## 第2節　ウソの稟議書

ウソの稟議書を書いて貸出の実行を行う人がいます。稟議書に書かれるウソはいろいろあります。借入申出は実際にあるのだが、正直に書くと稟議が承認されない（＝目標数字に寄与しない）ということで、資金使途を偽るウソ、財務内容や事業内容にリスクがあることを隠すウソ、必要金額や担保評価額をごまかすウソ、等々、があります。そもそも資金需要がないにもかかわらず、あたかも資金需要が発生したごとく作文し、書いてあることのすべてがウソの稟議書もあります。

そのようなウソを書いてまでして貸出を行う理由は、数値目標を達成することが銀行（支店）の業績に寄与するという誤った確信をもつとともに、数値実績が自分の実力であり、人事面で高い評価を得るために必要なことであると思い込んでいるからだと思います。ウソの稟議書を書くということは、そもそも自分自身の実力（実績）がないにもかかわらず、実力（実績）があるようにウソをついているということです。

数値目標とは関係なく、情実貸出を行うために一から作文したウソの稟議書で承認をとって実行した貸出金が不良債権になった場合、その人は銀行に対する損害賠償義務を負うばかりか、会社法の「特別背任罪」、刑法の「背任罪」に問われることになります。

ウソの稟議書を書く人は、目標達成のために必要なことは〝悪いことをしない〟ことではなく、〝してもばれない〟ようにすることと考えています。ウソがばれなければ大丈夫、ばれるはずがないと思って書く稟議書は、他の人に気づかれないよう、ウソであることがわかられないように注意して書きます。詐欺、泥棒、殺人をする人が、ばれないように、他人に知られないように気をつけて犯行に及ぶことと、行為は違いますが実は同じことをやっているのです。自分の評価を上げるために、自分の利益を獲得するためにウソをつくことは、言われるまでもなく「してはいけない」ことです。

ウソをついてはいけないという当たり前のことをなぜやってしまうのでしょうか。「してはいけない」こととわかっていながら、目先の利益に惑わされたり、目標を達成することが唯一大事なことという思い込みが、人をそうさせるのかもしれません。

担当者が目標達成のためにウソの稟議書を書くとき、上司である課長や支店長は、その稟議書を読んで内容がウソであることに気づいているのでしょうか。貸出業務の経験が乏しい支店長のなかにはそれがウソで書かれた稟議書であることを見抜けない人がいます。一方、ウソであるとわかっても、数値目標を意識してその稟議書を承認（黙認）する支店長もいます。その貸出を実行することによって支店の目標が達成され、業績考課で表彰を受けることになれば、支店という集団の名誉となり、その名誉の前に個人のウソはネグレクトされる傾向にあります。むしろ、よくやったというほめ言葉さえもらえるかもしれません。

人間の行為には、やらなければいけないこと、やったほうがいいこと、やらないほうがいいこと、やってはいけないことの四つがあります。貸出業務においても、やらないほうがいいこと、やってはいけないことを正しく認識しなければいけません。

「ウソは泥棒のはじまり」と子供のときに親に教えてもらったはずです。あなたが子をもつ親であるならば、自分の子どもにウソをついてはいけないと教えているはずです。そのあなたが、銀行のなかでは目標のため、自分の利益のためにウソをついてよいのでしょうか。ウソをつく自分を恥ずかしいと思わないのでしょうか。それとも、銀行のなかで生きていくためには、また業績表彰をとるためには、ウソをつけるくらいの度胸や度量がないと出世できない……とでもいうのでしょうか。正直でいることは自分にとって不利益になると思うことは間違いです。正直でいることは長期的にみると人として利益になることを信じ、誘惑に負けないことのほうが人間として大事ではないでしょうか。

## 第3節　早割り・早貸し

航空券を買うとき、搭乗日より早い時期に予約をすると、運賃が通常料金より安くなる「特割」「旅割」という割引制度があります。顧客にとってはメリットがあるありがたい割引制度です。

しかし、銀行における商手の早割り（先割りという銀行もあります）というのは、貸出先が商手割引の実行を依頼すると、貸出先が資金を必要とする日より何日か前に銀行が割引を実行することをいいます。航空券の場合は早く購入すると割引（＝購入価格が安くなる）されますが、銀行の早割りは貸出先が余計な金利（割引料）を銀行へ支払うことになります。

早貸しというのも同じく、借入金を必要とする日より前に、銀行が前倒しして貸出を実行し、資金を必要とする日より何日か前に貸出先の預金口座に入金することをいいます。その結果、貸出先は本来支払う必要がない支払利息（前倒しした日数分を日割り計算した金額）を支払うことになります。

早割り・早貸しによって取引先が支払うことになる余計な割引料、支払利息を金利に換算するとどうなるでしょうか。

期間一年（期限一括返済）の1,000万円の手形貸付（金利三%）の場合を例にして考えてみます。本来、この貸出で得る年間の貸出金利息は、1,000万円×３%×365日／365日＝30万円です。この貸出の実行を一五日間前倒しした場合に得る利息は、1,000万円×３%×380／365＝312,328円となり、実質的な貸出金利は、312,328円÷1,000万円＝3.12%ということになります。貸出先からみた場合、表面的な借入金利は三%ということですが、銀行が一五日間の早貸しを行うことで実質的な貸出金利は三・一二%になっているということです。

筆者が研修で地銀に伺ったとき、「金利競争が厳しくて、〇・一%の差で貸出案件を他行にもっていかれた」と話す人がいますが、早割り・早貸しを行うことで〇・一%相当の利息をとっていることがわかります。

早割り・早貸しによって、貸出先が余計に支払う割引料、支払利息は銀行の利益になります。貸出先にとっては、本来支払う必要がない余計な割引料、支払利息は損失になります。これは、銀行側が貸出先から利益を剥奪する行為といえます。「剥奪」という言葉は「無理に取り上げること」という意味であることから、この言葉を使うと、銀行からの反発が予想されます。たしかに、早割り・早貸しを行うことに貸出先が応諾した結果の金利・利息であると言い訳するかもしれません。しかし、早割り・早貸しを銀行が貸出先にお願いする理由はどこにあるかを考えてみてください。その実態は、銀行が自らの収益をふやすためにほかなりません。自らの収益アップのために、貸出先の利益をとる行為であることに違いありません。

貸出先にとってみれば、余計に支払利息を払うことで、自らの経常利益を減らすことになります。貸出先がこの問題を大きくしないのは、銀行に対して余計に支払う割引料、支払利息が少額であるということで、我慢の範囲内であるからかもしれません。本心は腹立たしく思っているかもしれませんが、問題を大きくすることなく穏便にすませているのかもしれません。

早割り・早貸しという行為は法律に触れるものではありません。だからやってもよいことでしょうか。

このような早割り・早貸しを恒常的に行っている銀行があります。先輩から教えられた、上司からの指示、過去からの習慣、他の支店も他行もやっている、法律的には問題ない、だからやっている……といいながらこの方法で利益を稼ぐことになんら疑問を感じないで、この方法を行うことが当たり前=銀行の常識であると思っているとしたら、もう一度この行為の是非を考えてみてください。

法律に触れていなければ何をしても許されるというわけではありません。道義的にみて問題ないのか、倫理的に許されるのか、という健全な社会常識・良識が存在することを忘れてはいけません。法令に触れていないならば、「早割り」「早貸し」で稼ぐことは問題ないという考え方の人もいるでしょう。筆者は、このような行為で収益を稼ぐ人に対して、「美しくない」という言葉を差し上げたいと思います。

「美しくない」とは二〇〇五年一二月に起きた某証券会社の株式誤発注問題に関連して、それに乗じて多額の利益を得た証券会社に対して当時の与謝野金融担当大臣がいった言葉です。これについて、元金融庁長官の五味廣文氏は著書『金融動乱　金融庁長官の独白』（二〇一二年、日本経済新聞出版社）において次のように書いています。「〜利益を挙げた証券会社に対しては、法令上、問題ありと指摘する際の根拠となる条文がなかった。根拠条文がないなら、行政処分はできない。しかし、証券市場は人の間違いに乗じる形で多額の利益を挙げることが許される場であるのかという疑問は消えなかった。与謝野大臣が記者会見で「美しくない」と発言したのは、この観点だったのだ。証券市場の信認は何によって確保されるのか。信認の基本は法令以前のところにあるのではないか、と市場に問いかけたわけだ」。あなたは、「早割り」「早貸し」という行為について、法令以前の観点からみて、考えて、これは社会から信認される行為であるといえると思いますか。

筆者は銀行が利益を稼ぐことを問題にしているのではありません。利益を稼ぐ方法を問題にしているのです。早割り・早貸しという方法で儲けるやり方は、表向きは貸出先が合意しているからといっても、実態は利益を剥奪する行為であると書きました。早割り・早貸しという行為が、銀行が利益をあげるために行う当たり前のことと認識されているとしたら、そのような銀行の常識は世間では非常識といわれるでしょう。

プロローグ（一三頁）で京セラ稲盛和夫氏が「歩積み両建て」について、「いくら常識だといっても、道理から見ておかしいと思ったことは、必ず最後にはおかしいと世間でも認められるようになると自信をもった」と書いていることを紹介しました。早割り・早貸しという行為も、世間からおかしいという指摘や声があがらないと、自ら自浄作用が働かないのでは、ますます銀行に対する信用は失墜していきます。世間からおかしいといわれる前に、なぜ自分たちで気づき、改めようとしないのでしょうか。

寄り道　石田梅岩の「商人道」

平田雅彦著『企業倫理とは何か』（二〇〇五年、ＰＨＰ新書）より抜粋。

「〃世間のありさまを見れば、商人（あきびと）のように見えて盗人（ぬすびと）あり、実（まこと）の商人は先も立ち、我も立つことを思うなり。紛（まぎ）れものは人をだまして、其の座をすます。是を一列に云うべきにはあらず〃

（意訳）

世間には、商人のようにみえて盗人もいる。まことの商人は、商売の相手を立てながら、自分も立つという心がけを持っているものだ。商売をごまかして世を渡る人間は、人を騙していながら、その場を

取り繕っているだけのことである。これを正当な商人と同じようにみることは間違いである」（同書八九～九〇頁）

～銀行が、自分の利益目標を達成するために、貸出先の懐に手を入れて、利益を剥奪する行為は、〝商人のようにみえて盗人〟といえませんか。そもそも、そのような行為を行うことについて、人として恥ずかしいと思いませんか。

〝まことの商人は、商売の相手を立てながら、自分も立つという心がけをもっているもの〟という石田梅岩の言葉は、まさに〝win-win〟の関係です。しかし、早割り・早貸しは〝win-lose〟ではないでしょうか。

## 第4節　貸込み・期末協力依頼

貸込みと期末協力依頼によって貸出残高を伸ばす行為は、まさに数値目標を達成するための手段以外の何物でもありません。これを厳しい言葉で糾弾するとすれば、貸込みは一種の押売りであり、期末協力依頼貸出は顧客に粉飾決算を促すものであるともいえます。

このような手法が貸出業務の数値目標を達成するための習慣として残っている銀行は、このような行為の意味を考え直すことから始めてもらいたいと思います。数字を伸ばすための方法として、この手法が常識として定着し、担当者もそのように洗脳されている銀行には、そもそも貸出業務を真剣に考え、真っ当に行う文化はないというしかありません。さらには、貸出先から信頼と信用を受けるにふさわしい銀行とはいえません。貸出先もそのような銀行のレベルを見抜いていると思いますし、その行為を頼みに来る支店長や担当者の人間性に疑問をもっていると思います。

貸出先から必要な資金調達額は一〇〇〇万円で足りるといわれているのにもかかわらず、二〇〇〇万円の貸込みに成功した担当者について、「交渉力がある」「目標達成率をアップさせた」という評価を与えることは正しいでしょうか。貸出先が望まない嫌がることを行ったのに、銀行のなかでその行為が評価されるということはどういうことでしょうか。そのような関係において相互信頼関係が築かれるはずはありません。信用という絆があるとは思えません。

貸込みは、取引先が借りる意思がないのに、目標達成という自分の都合を無理に頼み込むものです。これは押売りと同じではないでしょうか。もちろん、最終的には銀行の強いお願いベースに貸出先も合意したということでしょうが、銀行が行うべきことではないように筆者は思います。

なぜならば、貸込みという行為は、貸出先が望まない貸出を行うことだからです。それは貸出先にとって不必要な負債（借金）をふやし、支払う必然性がない支払金利によって経常利益が減少することにつながります。一方、銀行は運用資産としての貸出金が増加し、経常収益として貸出金利息が利益として得られます。このように、貸出先の損が銀行の利益につながる貸出を行うことは、「顧客第一」「顧客満足」のスローガンと矛盾すると思わないのでしょうか。

貸込みという行為を、別の例で説明するならば、あなたがレストランに行き、食事をして満腹になった後、あなたが望まないのにレストランから追加の料理が有料で出されるようなものです。満腹の後に望まない追加の料理が出たとき、あなたは嬉しく感じますか。満腹で食べられない追加料理には手をつけずに残したにもかかわらず、その分の料金まで請求されるとき、あなたはどのように感じますか。あなたはその追加料理を食べていないのにその料金を払いますか。

「期末協力依頼貸出」は、三月または九月の期末日の残高を一時的にふやすことを目的に、期末日を挟んで数日間の短期貸出を貸出先にお願いするものです。期末残高を虚飾するため見せかけの数字づくりといえます。まさに、トゥフター（＝意図的なノルマのごまかし）（第2章第3節）といえます。

この期末協力依頼貸出を依頼する貸出先の決算月が三月である場合、当然のことながら同貸出先の決算書には当該借入残高が載ることになります。すなわち、総資産や短期借入金の数字が一時的にふくらんだ決算書になります。これは、銀行も同様ですが決算書の粉飾につながることにほかなりません。

この行為は、銀行が自らの決算において貸出金の期末残高を大きくみせるための虚飾を図るために、貸出先にも決算書の粉飾を伴う借入をお願いするものです。それは、銀行の粉飾決算に協力してくれといっていることになります。実際に貸出先にこの借入のお願いをする支店長や担当者は、期末協力依頼貸出の実態が、〝銀行が粉飾決算を行うので、貴社もお付き合いして一緒に粉飾決算してください〟という協力のお願いを促すものであるという意識をもっているでしょうか。おそらくそのようなことに気づいたことはないでしょう。何も考えずに、従来からやってきた習慣的な方法としてお願いに行っているのではないかと思います。これも「銀行の常識」なのでしょうか。

貸込みも期末協力依頼貸出も法律に触れない（注：後記）と言い張るにしても、銀行が「顧客第一」「顧客満足」をスローガンとして掲げていることに対して、本当に「顧客第一」「顧客満足」に沿う行為と自信をもっていえるでしょうか。また、コンプライアンス経営の観点からして、これらの行為はどのように総括するのでしょうか。

（注）「貸込み」と「期末協力依頼貸出」については、銀行の優越的地位の濫用として独占禁止法上問題となる場合があります。
↓弁護士志田至朗監修「銀行の公正取引に関する手引」（五訂版）（全国銀行協会　二〇一二年四月）
「融資企業に対し、要請に応じなければ次回の融資が困難となる旨を示唆して、期末（三月末または九月末）を超える短期間の借入れや一定率以上の借入シェアを維持した借入れを余儀なくさせること」は独占禁止法上問題となる」（同冊子二三頁）
「融資企業に対し、その資金計画を無視した借入れを強制する」事例において、債権保全上必要最低限度を超える経営介入がなされる場合は独占禁止法上問題となる」（同冊子二八頁）

前節の「早割り」「早貸し」、そして「貸込み」「期末協力依頼貸出」について、これを行っている人たちは、悪いことを行っているという意識はもっていないでしょう。いままでも、そしてどの銀行も、だれもがやっていることだから問題はないと思っているでしょう。「赤信号、みんなで渡れば怖くない」という意識でいるのかもしれません。

「赤信号、みんなで渡れば怖くない」という言葉には二通りの意味があります。一つは、やってはいけないことと知っているが、みんなもやっているから大丈夫だろうとの思い、もう一つは、そもそもやることがいけないことだという認識がない場合です。筆者は、「早割り」「早貸し」「貸込み」「期末協力依頼貸出」という行為について、そもそもやってはいけないことと考えている人はほとんどいないのではないかと思っています。

筆者は、これらの行為が法律に抵触しないにしても、自分の利益のために他人に損失を強いる行為を、人間として恥ずかしいと思わないかが問われているのだと思います。銀行員としての品性、品格が疑われます。「恥を知る人」は自分自身をコントロールするはずです。

貸出業務に携わる者として、自らが行動するときの価値尺度を、正しいか正しくないかという尺度で計るのか、儲かるか儲からないかという尺度で計るのかが問われていると考えるべきではないでしょうか。筆者は銀行の利益は真っ当な業務から導かれるものであって、銀行が得るべき利益は貸出先との信頼関係のもとに発生するものに限るべきと考えます。この道理を覆して、銀行が過度な欲望を満たすために、貸出先から信用を失うようなやり方までして利益をあげるやり方は長続きしないばかりか、信頼関係を損なうことになると考えます。このような行為を恥ずかしく思わず行いながら、銀行は取引先と信頼という絆でつながっていると思っているのでしょうか。思っているとしたら、銀行は取引先に対していかに高慢な振舞いをしているか知るべきです。

## 寄り道　「論語」衛霊公篇から

子貢問いて曰わく、一言にして以て終身これを行なうべき者ありや。子曰わく、其れ恕か。己の欲せざる所、人に施すこと勿かれ。

(意味)

子貢が孔子先生に尋ねた。「一言で、死ぬまで行なえることがありますか?」孔子先生はこのように答えた。「それは恕だ。自分の望まないことは、決して他人に無理強いしないことだ」と。

……「恕」という字の意味は「思いやり」(広辞苑)です。

～「早割り」「早貸し」「貸込み」「期末協力依頼貸出」という銀行の我意を貸出先に押し付ける行為を、「己の欲せざる所、人に施すこと勿かれ」の言葉と照らし合わせて考えてみてください。

孔子のこの言葉と同じことが、マタイによる福音書の第七章にも書かれています。「何事でも、人々から自分にしてほしいと望むことは、人々にもそのとおりにせよ」。この文章の前段には、「あなたがたのうちで、自分の子どもがパンを求めているのに、石を与える者がいるだろうか」とも書かれています。

まさに、貸出先が望まないことを銀行の都合で押し付けるような行為は、孔子もキリストも善くないといっているのです。

## 第5節　今期収益のために

銀行の経常収益のなかで貸出業務から得る貸出金利息が最も大きなものです。ところが、第1章で述べたとおり、資金循環統計でみられるように法人部門の資金余剰状態が続き、デフレ経済下では資金需要が低迷し、貸出金額が伸びない現実があります。まさに、従来型の間接金融のモデルが大きく変化しているなか、ほとんどの銀行は相変わらず半期ごとに貸出金の増加目標金額を支店に張り付けています。貸出市場の拡大が望めないなか、貸出ボリューム拡大のために金利引下げ競争を行い、銀行の収益環境はきわめて厳しい状況になっています。

そんななか、将来得るべき収益を犠牲にして今期の収益を確保するための貸出手法があるようです。本来であれば今後数年間にわたって資金収益として帰属する収益を先食いして、今期の収益に取り込もうという貸出方法です。その貸出の手法をみてみます。

期間五年、固定金利三％の長期貸出をモデル例にしてみてみます。通常は、貸出金額・利率・期間・返済方法等の貸出条件や資金使途などを記載した金銭消費貸借契約証書を作成し、それを銀行に差し入れてもらい証書貸付の方法で貸出を実行します。証書貸付による長期貸出の場合、原則は分割約定返済となっていますので、実行後貸出期限までの五年間は残高に応じて三％の利息が発生します。

この貸出において貸出先が五年間に支払う利息の総額はあらかじめ計算できます。その利息の総額の三分の一相当額、言い換えると金利一％相当の支払額を今期に頂戴するというスキームです。その仕組みは、固定金利三％を表面上二％に引き下げ、一％の支払金利に相当する金額をコベナンツ作成手数料としてもらうというものです。もともとの金銭消費貸借契約証書とは別個に、財務制限条項等のコベナンツをオーダーメードで別冊にして作成し、そのコベナンツ作成手数料として今期収益で取り込むというものです。

この商品を、実際に推進している銀行からすれば、コベナンツの契約条項を別冊で作成するために弁護士チェックも行っており、手数料を徴求することについて法律的な問題はないというかもしれません。また、貸出先からみても五年間のオールインコストでみれば支払金額は同じであり問題はないというかもしれません。しかし、筆者にはこの貸出方法は資金収益の先食いを目的に行うことにしかみえません。

筆者が問題視する点は、オールインコストで同じになるように手数料を決めるということは、金利三％のうち一％部分の五年間で得る資金収益相当額をアップフロントで稼ぐ便法としか思えません。固定金利三%をそのままにして、これとは別にコベナンツ契約条項を別冊で作成する手数料をもらうのであれば理屈がつきます。

この貸出形態をとることによる影響はいくつか考えられます。本来三%の適用金利を、コベナンツ契約条項を別冊で作成するために二%に引き下げるということは、貸出先にとって支払金利の金額が少なくなります。その影響は、決算時に当該手数料を一般管理費に計上することで営業利益が少なくなり、売上高営業利益率という経営指標に影響を及ぼします。次に、支払利息の金額が少なくなることで営業外損益の数字にも影響を与えます。銀行側では、長期貸出に適用している金利水準の統計等にも影響が出てきます。

長期貸出として、五年間にわたって得られる資金収益の一%部分を、かたちを変えて今期利益に計上する行為は、まさに利益の先食いにほかなりません。後輩・部下たちの時代の利益を先食いする、それも真っ当ではない貸出で行うことに何の違和感も感じていない「銀行屋」は、自らの行為を恥ずかしいと感じることなく、むしろ〝よい方法を考えたできる奴〟と評価されているならば、その銀行は語るに落ちた感があります。

上記とは別に、今期収益計上のためということで、貸出で採り上げればよい貸出案件を、あえて私募債で取り上げる銀行もあります。私募債で採り上げることによって、期間収益の全額を今期収益としてアップフロントで計上できる業績考課体系の銀行では、収益目標の飛び道具として利用するようです。

長期資金貸出で採り上げるところを、同期間の私募債で採り上げるならばまだしも、期間半年で採り上げるべき決算賞与資金や季節資金までも私募債で採り上げるというのはいかがなものか、筆者にはまったく理解できません。このような手法は、最早、貸出業務とはいえません。取引先の資金使途や資金需要の検証や、貸出期間や貸出方法の妥当性を検証するという貸出業務の基本については考えず、利益確保の便法の選択ということを行っているとしか思えません。

そもそも将来得るべき収益を、今期の収益目標達成のため先食いする行為は、人材の育成や貸出先との相互信頼関係等に悪影響を与えます。部下や後輩たちが将来に期待する収益を、このように先食いまでして、自分たちの今期の収益目標を達成しようとする行為は忌むべきことと考えます。

銀行が収益を得る基本は、正しい業務を行い、堅実な利益を追求することであるべきではないでしょうか。上記のような手法で稼いだ収益構造が長続きするわけがありません。無理なことを行えば、銀行の経営体質にも無理が影響してきます。それ以上に大きな問題は、こういうことを行っている銀行を貸出先は信用しなくなるということです。一度失った信用を取り戻すことはいかに大変であるか……。第2章の〈寄り道〉に書いた「戦艦大和」の臼淵大尉の囁きをもう一度読み直してください。

「進歩ノナイ者ハ決シテ勝タナイ、負ケテ目ザメルコトガ最上ノ道ダ～」

# 第6節　契約書等を読まない・事務を知らない

貸出担当者は、貸出金額や利息収入等の数字に関しては、関心が高いところですが、法律的側面に関しては勉強不足であると思えます。

筆者は研修で受講者に対して、割引を行った商手が不渡りになった場合の手続について質問しますが、これに関して「買戻しをお願いする」と即座に答えられる人が少ないのにはがっかりします。続けて、割引依頼人が不渡りになった商手の買戻しを拒否した場合、銀行はどのように対応するか、また、割引依頼人が不渡りになった商手を買い戻さなければいけない根拠について……質問すると答えられる人はまずいません。それは、貸出業務にかかわる法律的知識の勉強がおろそかになっているからです。

不渡商手の買戻しについては、銀行取引約定書に規定（注）が定められています。ところが、銀行取引約定書を読んで、内容を理解している人は少ないようです。これでは困ります。

（注）あなたの銀行が作成し、貸出先と取り交わした「銀行取引約定書」の該当条文を読んで確認してください。

また、貸出担当者であるにもかかわらず、契約書を読まず、条文の説明ができないのに、貸出先に署名捺印のお願いをする人がいます。署名・捺印・割印を徴する箇所については、事前に貸付事務担当の人から鉛筆で薄く印がつけられているため、貸出担当者はいきなり当該箇所に署名捺印をもらおうとします。ところが、貸出先は署名捺印する前に、契約内容を確認するべき条文規定を読み、わからない点について質問します。その時その場で質問に答えられず、「わかりませんので、帰って調べてから、あらためてご返事します」という人がいます。これは、貸出先に対して大変失礼なことであると同時にとても恥ずかしいことです。

貸出先が重要な財産を担保に提供するという気持ちを察することもできず、さらに自ら契約書を読むこともなく、契約条文の意味も知らず、説明できない者が、鉛筆で印をつけられた箇所に事務的に署名捺印をもらおうという姿勢は、世間の常識に照らし合わせてみると非常識といわれるでしょう。

このほか、貸出事務に精通していない担当者も困ったものです。貸出業務における事務手続は必ず標準手続を遵守しなければいけません。なぜならば、事務手続は法律や判例等を検討したうえで定められているからです。

契約書・保証書等の代筆、第三者による担保提供の意思確認等、あらゆる事務について、標準手続を逸脱するような自分勝手な事務を行うことは、恥ずかしい行為と知るべきです。

# 第7節　優越的地位の濫用

二〇〇六年四月に金融庁は某都銀に対して銀行法第二六条第一項に基づく行政処分命令を出しました。処分の理由は、法人宛てに金利スワップ商品の販売を行うに際して、独占禁止法第一九条の優越的地位の濫用の規定に違反すると指摘しています。

これを具体的にみてみます。

取引先から期間七年で固定金利の長期借入れの申出がある場合、普通であれば、「期間七年、固定金利五％」という金銭消費貸借契約証書が結ばれ、貸出が実行されます。某都銀はこの借入申出の固定金利について、これを変動金利に替えさせ、金利スワップを組ませるというスキームであったと思われます。

すなわち、「期間七年・金利五％（固定金利）」である貸出を、「期間七年・金利〇％（変動金利）＋金利スワップ」に替えたものと推定されます。おそらく、両者において、できあがりの金利に大きな差が生じない工夫がなされていると思いますが、ポイントは金利スワップのフィーが今期に計上できることです。

金融庁の報道発表資料（二〇〇六年四月二七日付）における「処分の理由」には次のような記

述があります。

「収益前倒し計上可能な金利スワップについての行き過ぎた業務推進が行われていないかとの観点が、本部において欠如していたことが認められる」

「販売対象の要注意先や小口先への拡大を行っているが、その際、販売ルールの策定において、優越的地位濫用防止の観点からの検討が十分にされていなかったと認められる」

この事例について、元警察官僚・弁護士の後藤啓二著『企業コンプライアンス』（二〇〇六年、文春新書）は次のように書いています。

「某銀行（本では実名）の金融商品押し付け販売事件は、同行の行員の多数が融資先の中小企業に金融商品を押しつけていたという事件であり、二四九件の問題行為があったとされている。このような営業を進んでやろうとする者が多いとは思われず、上司の指示、本部のノルマ達成の圧力を受け、内心忸怩たる思いを抱きつつ行った行員が多いものと推察される。公正取引委員会によれば、担当者に上司が帯同して中小企業に圧力を加えた例もあるとされている」

貸出業務を行うに際して、独占禁止法に抵触する行為は絶対に行ってはいけません。優越的地位の濫用という問題に関して、銀行はどのような研修を行っているでしょうか。

独占禁止法は、公正かつ自由な競争の促進を目的としていくつかの基本ルールを定めています。貸出業務を行うに際して注意すべきは同法第一九条の「不公正な取引方針の禁止」の規制です。公正取引員会は不公正な取引方法として一六の行為を告示で指定しています。これは全業種に適用され「一般指定」といわれるものです。

貸出業務にかかわると思われるものを以下に列挙しておきます。

・一般指定第一〇項：不当な抱合せ販売
・一般指定第一一項：不当な排他条件付取引
・一般指定第一二項：不当な拘束条件付取引

具体的に明示された行動指針は、全国銀行協会が作成した弁護士志田至朗監修の『銀行の公正取引に関する手引〔五訂版〕』（二〇一二年四月）を参照してください。

**寄り道　会社の掟**

稲垣重雄著『法律より怖い「会社の掟」』（二〇〇八年、講談社現代新書）

「自分で薄々いけないことをしていると承知しながらも止められない人は、その理由を自分の子どもたちに説明できるだろうか。大人になれば分かるといった言い逃れで誤魔化すのだろうか。

「ウソをついてはいけない、盗んではいけない、弱いものイジメをしてはいけない、ウラ・オモテのある人間になってはいけない」と教えるのは〝わが子が健全な良識を身に付け、社会に出たときに信頼される人間になれるようにと願う躾の第一歩だ。そうしたモラルの初歩の初歩を、大人、親たちが破っている。談合や偽装表示などの事実を説明すれば、子どもたちからは「間違っている」「おかしい」「ズルい！」という大合唱が返ってくるだろう」（同書一七九〜一八〇頁）

〜本章で書いた「恥ずかしい行為」を、自宅で家族に話してみてください。家族の皆さんから、「間違っている」「おかしい」「ズルい！」という声は出て来るわけがない‼　と自信をもっていえますか。

「ウソをついてはいけない、弱いものイジメをしてはいけない、ウラ・オモテのある人間になってはいけない」と子どもに教えている自分が、銀行で「ウソをつく、部下をイジメる、上司と部下に対する態度がコロリと変わる」ことになっていませんか。

# 第5章

# 金利競争

## 第1節　金利引下げ競争の実態

元銀行員という方が、ブログで次のような話を書いています。

「……その企業に対し融資を多く行い、他行のシェアを奪っていくという戦術が発生します。「他行の融資を私どもの低金利融資で借り換えして金利負担を軽くしませんか」と融資を売り込んでいくのです。

甲社がA行から受けている融資の金利が一・八％であったら、その融資の借り換えを狙って一・五％の提案書を持って行きます。甲社は、当行が出した提案書をA行に見せて、「一・五％で貸してくれる銀行に乗り換えていいの？」とゆさぶりをかけます。借り換えを阻止したいA行は「では、一・四％まで下げますから借り換えはしないでください」と防衛に必死です。甲社は、A行が一・四％まで下げてくれるという提案書を当行に持ってきて、一・三％にならないかと言ってきます……」

現在、貸出に適用している金利は、販売価格という性格が強く出ているように思います。金利を下げるということは、貸出という商品を安く売るということです。金利競争を行って＝貸出という商品を安く売ることで、貸出需要は伸びましたか＝借入申出はふえましたか。金利を引き下げることで、それより高い金利の貸出金がシフト＝肩代わりは起きますが、それは経済全体の資金需要がふえたことではありません。

現在、銀行が貸出金残高を増大させる手段として、他行が適用している金利より低い金利を提示して、他行貸出の肩代わりを画策する銀行があります。資金需要が低迷し、貸出需要が乏しいなか、パイ（シェア）を奪い合うために金利が果たしている役割は、残高確保の武器として使用しているにほかなりません。残高欲しさの金利引下げ競争によって獲得した貸出資産が不良債権になっては〝貸出の安売りバブル〟といわれてしまいます。

金利が有する機能や本質的意味を理解している担当者はどれだけいるでしょうか。スプレッド幅やできあがり適用金利水準の数字についての他行比較だけに関心がいき、貸出という商品の販売価格を低くする安売り競争を行っているということです。その結果、思うように貸出残高が伸びたのでしょうか。貸出業務は薄利多売を行うものでしょうか。

日銀の金融システムレポート（二〇一〇年九月号）には次のような記述があります。「貸出債権の質の低下が続く中での貸出金利の低下は銀行収益の圧迫要因となり得ること」（同レポート一四頁）、「貸出金利の低下が、貸出債権の質の低下が続く中で進行していることには留意が必要である」（同レポート二四頁）。

金利引下げ競争が銀行にとってプラスになっているのか、あらためて真剣に考えてみる必要があります。

**寄り道**　成功のセオリーは価値の開発とフェアプライス

緒方知行編著『鈴木敏文　考える原則』（二〇〇五年、日経ビジネス文庫）

「いまは、ディスカウントの時代ではなく、価値訴求の時代であると私はいい続けてきました。価格訴求の時代は終わったのです。これからは質のよい商品を、どうフェアプライスで売っていくかが一番重要になります。フェアプライスとは、お客様がその商品の価格は適正だと思う価格のことです。これは安売りをするということではありません。」（同書二〇二頁）

～あなたがスーパーやコンビニ、あるいはデパ地下で食べ物（お菓子・お弁当等）を買うとき、いつも一番安い商品を選びますか。価格がちょっと高くても、美味しいほうを買うのは、満足を得たいからです。味に大きな差がない牛丼は安売り競争をしています。銀行貸出は、サービスや付加価値がなければ牛丼とおなじような金利競争に陥り、他行とは違うサービスや付加価値に貸出先が満足するならば、ちょっと高い金利でも借りてくれるということに気づきませんか。

## 第2節　金利引下げ競争をどうみる？

金利引下げ競争を行っている貸出担当者に次の質問をします。あなたはこれにどのように答えますか。

①　金利を他行より引き下げれば貸出競争に勝てますか。

②　金利を引き下げることで貸出が伸びるとき、貸出担当者の役割・価値はどこにあると考えますか。

③　新たな貸出先に低金利を提示するとき、既存貸出先に対する適用金利についてはどのように考えていますか。

①については、事実の見極めについての問いかけです。「金利を下げれば貴行から借りる」という話は一社からいわれたのですか、それとも大半である数多くの先からいわれたのですか。そのような話をした一社は、挨拶程度に「もう少し安ければ借りてもいいよ」とソフトタッチでいったのでしょうか、それとも「貴行は他行より○%も高い！　そんな金利では借りないよ！」ときつくいったのでしょうか、どちらですか。借りる気がさらさらない一社が何気なく貴行の姿勢を試すためにいった言葉を、あたかも数多くの先からいわれたように吹聴することは好ましくありません。正しい事実の把握が大事です。市場の声、他行の動向について正確な情報を把握することは、現場の担当者にとって大切なことです。一社が挨拶程度にいった声を市場の声として本部宛てに報告すると混乱の原因となります。

②については、貸出担当者の役割を再認識する問いかけです。金利を下げれば貸出がふえるの

であれば、担当者の役割はどこにあるのでしょうか。その場合、貸出担当者は優秀な人材である必要性はありません。法人に対してFAX一枚、電話一本で低い金利を提示すればよいではないかということになります。某家電量販店が「うちより安い価格で売っている事実があれば、そのチラシをもってきたらそれより安い価格で売ります」と広告宣伝していたことがありますが、銀行も貸出残高ほしさにそこまで行いますか。そもそも、顧客と距離的に近い所に支店を置き、テリトリー内で訪問活動を行っている意味はどこにあるのでしょうか。また、低金利で貸出をふやす場合、審査が果たす役割はどのように考えるのでしょうか。

そして③の問いかけは、「当行は貸出先に対して何を行っているか、何を提供しているのか」を考えることで、「他行より低い金利で付き合ってくれているわけではない」ことに気づくはずです。既存貸出先に対して適用している金利はすべて他行より低いですか。そんなことはないはずです。

経済学を学んだことがない人でも「需要と供給の法則」は知っていると思います。それは、「価格が下がると需要はふえる」「価格が上がると供給はふえる」「需要と供給がバランスしたところで価格が決まる」というものです。この法則は正しいでしょうか。

携帯電話は価格が下がったことで、需要は大きく伸びました。スーパーの安売りやデパートがセールスをする（販売価格を下げる）と売上げが伸びることから、「価格が下がると需要はふえる」という法則は当てはまります。しかし、液晶テレビの価格は数年間で数分の一になりましたが、需要は横ばいです。米の需要は減り続けていますが、価格も毎年下がっています。

貸出の金利はどのように考えたらよいのでしょうか。低金利状態が続いているのに銀行貸出はふえていません。むしろ減少しています。貸出金利を下げても、資金需要も大きく伸びない現実を、あなたはどのように考えますか。

## 第3節 「囚人のジレンマ」

銀行が収益力を強化する基本は貸出業務において必要な金利を貸出先に要求することにあります。しかし、前述したとおり、現在の貸出金利は貸出ボリュームがほしいため、安売りする販売価格という意味でしかありません。

なぜ、銀行は収益を犠牲にして金利の引下げ競争を行うのでしょうか。それについて、ゲームの理論や経済学において使われる「囚人のジレンマ」で説明してみたいと思います。「囚人のジレンマ」は、個々の最適な選択（＝個別銀行の判断）が全体として最適な選択にならない（＝金利引下げ競争を行う）状況の例として取り上げられます。

まず、「囚人のジレンマ」の概要については、ウィキペディアから引用して説明したいと思います。

「共同で犯罪を行った二人が捕まった。警官達はこの犯罪の原因たる証拠などまったく掴めていないため、この現状のままでは二人の罪は重くても二年である。そこで警官はこの二人の囚人に自白させる為に、彼らを別な牢屋に入れ、自白した場合などの司法取引について以下の条件を伝えた。

・もし、お前ら二人とも黙秘したら、二人とも懲役二年だ。
・だが、共犯者が黙秘しても、お前だけが自白したら、お前だけは刑を一年に減刑してやろう。但し、共犯者の方は懲役一五年だ。
・逆に、共犯者だけが自白し、お前が黙秘したら共犯者は刑が一年になる。但し、お前の方は懲役一五年だ。
・但し、お前らが二人とも自白したら、二人とも懲役一〇年だ。

なお、二人は双方に同じ条件が提示されている事を知っているものとする。また、彼ら二人は別室に隔離されていて、二人の間で強制力のある合意を形成できないとする。

このとき、囚人は共犯者と協調して黙秘すべきか、それとも共犯者を裏切って自白すべきか、というのが問題である。(略)

囚人二人にとって、互いに裏切り合って一〇年の刑を受けるよりは互いに協調し合って二年の刑を受ける方が得である。しかし、囚人たちが自分の利益のみを追求している限り、互いに裏切り合うという結末を迎える。なぜなら囚人Aは以下のように考えるからだ。

・囚人Bが協調を選んだとする。このとき、もし自分（A）がBと協調すれば自分は懲役二年だが、逆に自分がAを裏切れば懲役は一年ですむ。だからBを裏切った方が得だ。

・囚人Bが裏切りを選んだとする。このとき、もし自分がBと協調すれば自分は懲役一五年だが、逆に自分がBを裏切れば懲役は一〇年ですむ。だからBを裏切った方が得だ。

以上の議論により、Bが自分との協調を選んだかどうかによらずBを裏切るのが最適な戦略であるので、AはBを裏切る。囚人Bも同様の考えにより、囚人Aを裏切ることになる。

よって、A・Bは（互いに裏切り合うよりは）互いに協調し合った方が得であるにもかかわらず、互いに裏切り合って一〇年の刑を受けることになる。合理的な各個人が相手の行動を所与として自分にとって「最適な選択」（裏切り）をする結果、全体としては「最適な選択」をすることが達成できないことがジレンマと言われる所以である」

銀行が行っている低金利競争でも、お互いの銀行が低金利競争を行うことをやめれば（協調すれば）、利益を確保できるにもかかわらず、他行の金利引下げで残高シェアを奪われる恐怖から か、お互いが金利引下げ競争をして自らの利益を圧縮しているのです。

この「囚人のジレンマ」には応用バージョンがあり、同時ではなく、交互に同じ状況を繰り返したらどうなるかという命題があります。その場合の研究結果は、最初に囚人Aが裏切って、次に囚人Bが裏切り、その後、二人は協調するというプロセスを経ることが、最もお互いの利益の総和を大きくするとされています。すなわち、もうお互いを裏切らないと心に決めるようになるということです。

銀行も、お互いを裏切らない（これ以上、金利引下げ競争を激化させない）という心を決めるのはいつでしょうか。利益の増大を図る銀行が、利益の源泉である貸出金利を下げてまで残高を伸ばすことに矛盾を感じていないのでしょうか。また、利鞘がほとんどない貸出をふやすとき、貸出債権の質にどれほど注意を払っているでしょうか。

## 第4節　貸出金利の機能

筆者が初めて貸出業務に携わった一九七四年は公定歩合が九％（第1章第1節図2を参照）、短期プライムレートは九・二五％でした。そのとき、新米の貸出担当者である筆者が担当していた中小企業宛ての金利は一〇・五〜一一・〇％でした。そこには、リスクに応じた金利設定がありました。

短期プライムレートは最優遇金利と称され、上場一流企業宛てに適用される金利で、中小企業に適用する金利は短期プライムレートに比べて一%以上の格差があって当然でした。

銀行が収益を確保するためには、必要な資金コスト（預金調達金利＋リスクプレミアム）を貸出先に要求しなければ、貸出業務はビジネスとして成り立たなくなります。資金利鞘の正常化は銀行経営の基本であるにもかかわらず、前節のような貸出金利の引下げが行われるのは、そのようにせざるをえないとする意識や行動に対する阻害要因があるのかもしれません。

貸出金利をリスクに応じて設定することは、銀行の収益力をアップすることだけではなく、企業側にとっても金利を払えば借りられるという理屈に気づくはずです。すなわち、業績が悪化しても、高い金利を支払えば必要な借入はできることになるという理屈に通じるからです。この論理に基づけば、怪しげな高利の貸金業者に手を出すことなく、銀行から借入できるという理論は成り立ちます。もちろん、貸す側の銀行は回収リスクに対する審査において貸出金額と引当（担保）金額のバランスを考えるでしょうが、リスクに応じた金利設定は、企業に対して貸出可能な範囲を広げることにもなると、少なくとも理論的にはいえます。

理論的には上記のような理屈が成り立ちますが、現場の感覚は抵抗感が強いことも、容易に想像がつきます。そもそも、業績が悪化している企業に対して、金利を上げるとはいいにくいと反発されるでしょう。しかし、金利引上げに応じることで資金調達ができるとなると、企業側も考える余地があるかもしれません。

第１節に登場する甲社がだれもが認める優良会社であれば、このような金利競争を行ってまで貸出残高の奪い合いが起きることはありうるでしょう。しかし、業績が悪く貸倒れの可能性があるような会社に対して、貸出残高をふやしたいがために行う金利引下げ競争は意味がありません。金利を犠牲にして獲得した貸出金が不良債権になるようなことがあったら、銀行はダブルパンチで被害を被ることになります。

ところが、「競争他行に金利で〇・一％負けた（他行より金利が〇・一％高い）ため貸出案件がとれなかった」という担当者がいます。一〇〇〇万円の期間一年の貸出案件において、〇・一％の金利差は年間支払利息で一万円の違いになります。一万円の支払金利の格差で貸出案件を取り逃がしたということについて、筆者はその担当者に次のように問い掛けます。

「あなたが、〇・一％の金利差で他行に負けたという事実は事実として認めるにしても、貸出先が貴行から借りなかった理由はその金利差だけにあると、あなたは本当に信じているのですか。貸出先は表向きの理由として金利差をいっているが、貴行から借入しなかった本当の理由は他にあるのでは……と考えたことがありますか」

「あなたは、自販機で缶コーヒーを買うとき、一〇〇円・一三〇円・一五〇円の三種類あったとき、必ずいちばん安い一〇〇円の缶コーヒーを買いますか。缶の中身はどれもコーヒーですが、一五〇円の缶コーヒーを買うこともあるでしょう。それはなぜですか。コーヒーという同じ飲み物でも、甘さが違う、コクが違う、苦みが違う、ブランド力が違う、等々によって、一三〇円のコーヒーを買う人もいれば、一五〇円のコーヒーを買う人もいます。人は必ず価格が高いものより安いものを買うというわけではありません。金利も同じはずです」

「缶コーヒーは、コーヒーといいながら味が異なります。しかし、貸出という商品は、どこの銀行から借りても「金」は同じものです。缶コーヒーは甘さが違う、コクが違う、苦みが違うことで価格に差がありますが、金に違いはないのに、貸出を行う銀行によって貸出金利にある違いとは何か。それは、調達価格（預金金利）の差や利益幅の違いによる影響があります。もう一つは、貸出取引を行うに際して貸出先が銀行から得る目にみえない付加価値の差があります」

「A行の金利がB行の金利より〇・一％高くても、貸出先は〇・一％の高い金利を支払っても、A行と取引を行ったほうが情報や付加価値を多く得ることできると判断すれば、金利が高いA行から借りる会社もあります。すなわち、〇・一％の多い支払金利を払っても、その金額以上の付加価値（メリット）を得られるならば、A行から借り入れることもあるのです」

上記は、第2節の設問②③の答えにもつながります。金利引下げ競争に巻き込まれるということは、貸出先に提供できる付加価値がないから、金利だけで勝負するという考え方になります。

# 第5節　金利競争より価値競争

有名なランチェスターの法則によれば、価格競争というのは強者がスケールメリットを武器にして、競争相手を叩きつぶすために用いる戦略です。相手がギブアップするまで出血覚悟で価格競争を行います。しかし、銀行業界では相手を負かすことを目的に価格競争＝金利競争をとることはありません。

極端な例をあげれば、メガバンクが貸出金規模一兆～二兆円の銀行をターゲットにして、同行の全貸出先に対して、（現適用金利マイナス一％）の金利を提示してすべての貸出金の肩代わりを行うということは、理論的に考えられることですが、現実に行われることはありえません。

銀行が行っている金利引下げ競争は、競争相手を全面降伏させることが目的ではありません。むしろ、局地的な短期決戦で他行に負けたくないため、また、目標を達成するために行っているといったほうが適切かもしれません。

銀行が、貸出業務で金利競争に陥った理由を考えるとき、間接金融のビジネスモデルが変化し、資金需要が乏しくなっているなか、貸出業務自体がコモディティー化してきたことにあると思います。貸出業務をコモディティー＝商品としてみることから価格競争＝金利引下げ競争に陥ったとみることができます。銀行は貸出を商品という意識で多く販売し、売上競争をしているようにみえます。貸出という商品に関心を向けさせるために、価格を下げる＝金利を引き下げるということはだれでも思いつく単純な発想です。この発想の原点は、「貸出をいかに販売するか」ということで、目標管理・成果主義も相まって、売りやすい相手に売りつけることになります。

そこには、貸出業務を通じて、貸出先の事業経営の役に立つという意識は薄いといわざるをえません。既述のような担当者のレベル低下や恥ずかしい行為を繰り返している銀行をみていると、貸出先は銀行担当者や銀行に情報や付加価値を期待することは無理とわかるようになり、銀行に期待するのは低い金利だけになっているのかもしれません。貸出先からみる銀行の貸出担当者は、数字意識に凝り固まったセールスマンにすぎないからです。貸出先が期待する情報提供や情報生産の役目を果たしてくれるレベルにはほど遠いと感じているかもしれません。

筆者は、貸出を商品と意識する販売方法には異議を唱えます。貸出業務は商品の販売ではなく、貸出先に対して資金の提供を通して、事業経営の役に立つサービスとしてとらえなくてはいけないと考えます。そこには、貸出先に対して金利以外の付加価値（コンサルタント・アドバイス等）で他行に勝る情報提供・情報生産の面で勝負することができると考えます。貸出業務における付加価値とは、貸出先の事業経営にかかわる課題解決に資することにあると思います。貸出先の事業経営に関するあらゆるニーズに的確に応えられる銀行が求められているのです。

貸出業務は、金利競争に巻き込まれないようにして、価値競争で勝てるようにならなくてはいけません。貸出金利が高い・安いというのは、金利水準の単純な数字の比較ではなく、担当者・銀行として、貸出先に提供できるサービスの価値との比較で得られる結論と理解するべきです。

適用金利が、A行が一%、B行が一・五%であるとき、単純な数字だけで比較することは簡単です。単純な比較では、B行はA行より金利が〇・五%高いことは明らかです。しかし、貸出先にとってB行が不断に行ってくれる事業経営や経理財務面に対するアドバイス、金融・金利・為替・株価動向の解説、業界動向やグローバルな視点からの情報提供、海外展開する場合の現地事情や経営に対するアドバイス等々に付加価値を感じ取るとき、貸出先は一・五%の金利は高くないと評価するのです。もちろん、付加価値を認めてもらえる根底には、銀行と貸出先に信頼という絆がなければ成り立ちません。

あなたが病気に罹ったとき、診察料金が五〇〇〇円と一万円の病院があるとき医師としての診察レベル・医療技術に優れ、丁寧な説明をしてくれるならば、一万円の診察料金を支払ってでも、そちらに行きませんか。

貸出担当者として、法律・財務に関する知識が豊富で詳しく、金融経済の動向に対する見識をもち、貸出先の事業内容に係る業界情報にも通じ、幅広い教養をもち、人間的にも信頼されるならば、他行より金利を〇・一%どころか、〇・三%高くても、貸出先はあなたの銀行から借りてくれるはずです。

金利競争で勝った負けたという低次元のレベルの話をする前に、貸出担当者として行わなければならないことがあります。それは、当行として貸出先のために何ができるのか、という命題を常に考えることです。そして、そのニーズに十分応えられるように、自らの知識・能力・信頼度を高める努力をすることです。

本節の話は、次のように言い換えて説明することもできます。金利競争はいずれ限界（下げ止まり）が来るはずです。個々の局面で勝てても、持続的競争優位になれるわけではありません。価値競争が重要であるということは、金利面だけで競争相手に優位に立つということではなく、自らの価値を高める戦略が大事であるということです。他行との競争において、持続的競争優位に立つために大事なことは、その銀行が貸出先に提供できるケーパビリティー（能力・将来性）であるという考え方です。貸出業務におけるケーパビリティー（能力・将来性）の開発で最も大事なことは、人材の育成です。真っ当な考え方をもち、能力・品性が優れた人材を育成することこそ、金利差以上に貸出先からも求められるものと考えます。

女性が高級ブランドのバッグを高価格でも購入するのはなぜですか。いろいろな理由があると思いますが、品質に対する信頼とブランド力が大きなウェイトを占めているのではないでしょうか。同じように考えると、貸出担当者も貸出先から求められることに応えられる知識や行動が信頼されるレベルであること、また銀行として経営の安定性と社会的存在におけるブランド力があるならば、金利競争とは異なる次元で貸出先から取引を願い出てくるようになると思います。

自分自身を高める努力もしないで、信頼を得ることを望むことは無理があります。品格、教養は自然に備わるものではありません。自分自身に価値を認めてもらえるように自己啓発に努め、銀行としてもそのようなレベルが高い担当者を数多く育成することが、銀行としてのブランド力、名声を高めることになるのです。金利引下げとお願いベースばかりの銀行に貸出先は魅力を感じることはありません。そして何より信頼されることはないでしょう。

**寄り道**　**司馬遷「史記」より**

「桃李不言下自成蹊」此言雖小、可以喩大也
（読み）

桃李（とうり）もの言わずして、下自ずから蹊（みち）を成す。

此の言小なりと雖も、以て大を喩えるべきなり。

（意味）

桃や李（すもも）の樹は何も言わないが、美しい花を咲かせ、果実を実らせる。だから、自然に人々が集まって来て、道ができる。この言葉そのものは小さなことを言っているが、大きなことをも喩えられる言葉でもあるのだ」

〜これは、徳のある人物のもとには、黙っていても人が慕って寄ってくるということを教える諺です。
貸出業務においても、「金利が低いから来てください」と自らアピールし宣伝しなくても、担当者自身、銀行自体に顧客が感じる魅力があるならば、金利差に関係なく、顧客はその担当者・銀行のもとに集まるようになるはずです。桃や李（すもも）の味覚に引き寄せられることを言い換えれば、信用・信頼を前提に、優れた情報生産力や付加価値を備えるならば、金利が少しばかり高くても顧客は集まってきます。金利競争ではなく価値競争で勝つことが重要なのです。

## 第6節　貸出金利について

第1節において、貸出金利は、残高確保のための武器としての役割が重視されており、金利が有する機能や本質的意味を理解している人が少ないと指摘しました。経済合理性を無視して低金利貸出を行うことは、銀行にとっても、貸出先にとっても、中長期的にみるとよくない結果につながると思います。

貸出金から得る利息は銀行の最も大きな収益源です。貸出金利をどの程度の水準に決めるかは、銀行の経営を考えるうえで非常に大きな問題であります。銀行としては貸出金利を引き上げたい、上げなければならないと考えているはずです。それが行われない理由は、金融円滑化法が施行されているなか、金利を引き上げることで政治的にもマスコミからも批判があることをおそれているのでしょうか。それとも、囚人のジレンマで記したように、金利を上げることは、他行に貸出残高を奪われることをおそれているのでしょうか。

貸出先にとってみれば、銀行が金利競争を行うことで資金調達が行いやすくなります。しかし、そのことは経営判断が甘くなる側面も否めないと思います。支払利息も僅少かつ返済負担も軽いという意識から、無理な設備投資や安易な事業拡大計画に走ることも考えられ、それが不良債権につながる懸念もあります。

もともと、金利は需給を調整する機能を有すると考えられていましたが、昨今は法人部門が資金余剰に転じたことで（第1章第2節）、現状は金利が資金需給の実勢と離れたかたちで運用されているとみることが妥当かと思います。そのことから、金利がもつ本来の機能や役割が忘れられているのが実情ではないでしょうか。

貸出金利を決定する要素としては次の項目があげられます。

① 貸出先の信用力＝貸倒れリスク
② 債権保全状況＝担保引当不足はリスクが高い
③ 採算状況＝預金等の総合取引状況
④ 貸出金の資金使途＝後ろ向きの資金使途はリスクが高い

⑤　貸出期間・金額＝期間の長さとリスクは比例する
⑥　調達コスト＝預金調達コスト＋諸経費
⑦　貸出政策・基本方針

上記①～⑤は貸出先ごとの固有の要素であり、⑥⑦は銀行ごとの経営要素であると考えられます。貸出金利を決めるとき、上記の要素を意識することが必要です。

貸出先ごとに、また同じ貸出先であっても資金使途や期間によって、貸出金利に差をつけることは当たり前であるにもかかわらず、現状、その発想や必要性が希薄になっているように思えます。貸出残高確保の武器として使用する金利は、上記要素より、他行水準との比較で決められることが多いからです。そのやり方は限界があり、持続性がないと前節で指摘しました。

貸出金利が利益の源泉になることを考えるとき、金利の決定に際してはリスク要因について意識した決め方が大事です。リスクが大きければ金利は高く設定して、リターンを大きく求めることは常道です。リスクとリターンの関係を評価しないで、他行との競争価格だけを提示する銀行は、全体の経営を考えていないといわれても仕方ないといえます。

また、リスクを勘案した金利では、他行に貸出をもっていかれると思っている人は、もう一度、前節を読み直してください。

# 第2部

# 真っ当な貸出業務の考え方

――誠実に王道を歩むために――

# 第6章

# 貸出業務の基本

# 第1節　基礎・基本が重要

支店における貸出業務は成果を焦っているためか、同業務の基礎・基本に無関心ではありませんか。支店における貸出業務において、基礎・基本を重視する指導を行っていますか。

学問、スポーツ、芸術に限らず、ものごとを学ぶに際して基礎・基本は大切だといいます。これは間違いないことだと思います。銀行業務も同じです。あなたは自分を顧みて、貸出業務の基礎・基本が身についていると思っていますか。

基礎と基本に違いはないといわれますが、次のように理解してはいかがでしょうか。

・基礎は知識や技能、基本は認識や価値観。
・基礎は身につけるもの、基本は確認しておくもの。
・基礎は理屈抜きで教えるもの、基本は議論・検討がある。
・基礎は認識や価値観を培う土台で、基本は基礎の上に立つ応用。

貸出業務の基礎は財務分析と法律知識です。貸出業務はこの基礎知識に支えられるのです。この基礎をおろかにすると、その後に学ぶ知識もいいかげんになってしまいます。

基礎という言葉は、もとは建築の用語です。大きな建物をつくるには、基礎はしっかりとしたものでなければいけません。基礎工事で手抜きをすると、粗末な建物しかつくれません。勉強においても、身につけようとする知識に応じて、必要とする基礎は幅広く、確実でなくてはなりません。

貸出業務は経済的側面だけではなく法律的側面もあります。それだけに、財務分析と法律の基礎知識の習得は確実に身につけなければいけません。

また、貸出業務の基本についても軽んじていないでしょうか。よく基本を軽くあしらい、理解が不十分であるにもかかわらず応用問題のほうへ行きたがる人がいます。応用問題といわれるものも、問われているのは基本事項であり、解くための考える過程が時間的に長かったり、少し複雑であることが基本問題と違うにすぎません。答えだけを知りたがり、基本事項の確認を怠るようでは大成しません。教える立場の人も、要領や手法というノウハウを教えるばかりの人がいます。基礎ができた人を相手に教えるなら効率的かもしれませんが、基礎ができていない人にノウハウものだけを教えても、そのようなノウハウは明日の試験は乗り越えられるにしても、明後日以降に起きる新しい問題には対応できないと思います。

要するに、基礎という土台ができていないのに、応用問題を解く力はありません。財務分析ができない人や法律知識がない人にコンサルタント業務や経営アドバイスを行う能力があるわけがありません。資金使途の検証ができない人に、貸出を提案するセールストークを教えても理解できないでしょう。法律の知識がない人が担保の権利関係を正しく理解して、債権保全の話ができますか。

数字を伸ばす手練手管のノウハウを学び、少しばかり数字を伸ばすことができたからといって、いかにも問題への対応能力が高まったかのように錯覚を起こし、自分は〝できる〟と思い込む人は困ったものです。貸出業務は基礎知識をしっかりもち、基本を学ぶことからスタートしなければいけません。「基本を笑う者は基本に泣く」――これは間違いありません。

俳諧の世界（『俳諧一葉集』）に、「格に入りて格を出る」「格に入りて格を出ざる時は狭く、また格に入ざる時は邪路に走る。格に入り、格を出てはじめて自在を得べし」という言葉があります。意味は、格は基本。基本の段階で止まってもいけない、基本を無視すればでたらめ。基本をマスターし、基本を抜け出してオリジナリティを発揮するということです。

貸出業務に携わる者の心得もまったく同じです。基礎と基本から学ばなければいけません。まずは、基礎をきちんと学ばせること。そして、基本どおりに行動させることが管理者の役目です。本当の仕事とは基礎を身に付け、一つひとつの基本をきちんと行うことです。

## 第2節　貸出業務の意義と機能

おそらくいまの人たちは、初めて貸出業務を行うに際して、銀行における貸出業務の位置づけや、国民経済における貸出業務の役割や機能という基本について学ぶ機会はなかったのではないでしょうか。大手書店の金融書籍コーナーをのぞいても、最近の貸出業務に関する参考図書をみると、財務分析関連書か貸出を伸ばすためのノウハウ本がほとんどのような気がします。貸出業務の原理原則を解説している本は見当たりません。

そこで、真っ当な貸出業務を考えるにあたり、まず最初に、基本となる貸出業務の意義と機能について知っていただきたいと思います。

銀行業の本質は間接金融機関であり、資金余剰の部門から余剰資金を預金として受け入れ、資金不足の部門に資金を貸出する仲介業務にあります。預金業務を受信業務といい、貸出業務を与信業務といい、ともに銀行の基本的な業務です。もちろん、銀行の資金調達は預金だけではありませんし、資金運用も貸出金だけではありません。しかし、預金が資金調達の圧倒的シェアを占めており、貸出金はシェアが低下しているとはいえ、資金運用で最大のシェアを占めていることは間違いありません。このことは、あなた自身が自分の銀行の貸借対照表をみて確認してください。

預金業務は銀行の資金調達の手段であり、その勘定は流動負債に計上されています。言い換えると、銀行は預金者から預金という借金をしている債務者の立場であるといえます。

預金者の財産である預金を借金として預かる銀行は、利息を付して預金者へ必ず返さなければいけません。借りた金は必ず返さなければいけないからです。銀行に預けられた預金は、国民経済的にみれば国民の大切な財産であるからです。その預金は、資本の蓄積という機能という意味をもっているともいえます。

これに対し、貸出業務は銀行の資金運用の方法であり、その勘定は流動資産に計上されています。そして、貸出業務は銀行が利益を得る最も大きな柱です。

このように、貸出業務は預金業務と一体になって銀行本来の機能を果たしているのです。そのことを理解すると、銀行法第二条（定義）の最初に「一．預金又は定期積金の受入れと資金の貸付け又は手形の割引とを併せ行うこと」と書かれている意味がわかると思います。

貸出業務は、〝国民経済的見地に立ってみれば、資金の媒介という機能であり、さらには経済の発展に必要な資金を供給するという重要な役割を担っている〟といえます。「資金の媒介」という機能については上記説明でイメージしやすいと思いますが、「資金を供給する」役割についてわかりにくいと思われますので、ここで簡単に説明します。

「資金を供給する」とは、銀行が通貨預金をつくりだすという意味です。これについては、全国銀行協会金融調査部の『図説　わが国の銀行〔二〇一〇年版〕』（財経詳報社）から引用して説明します。

「銀行は、資金不足主体と資金余剰主体の間に立って単なる資金の仲介を行うだけでなく、それを通じて信用の創造、預金通貨の創造を行っている。銀行が貸出を行う際は、貸出先企業Xに現金を交付するのではなく、Xの預金口座に貸出金相当額を入金記帳する。つまり、銀行の貸出の段階で預金は創造される仕組みである。例えば、Xが仕入先Yへの支払いのために借入するとしよう。この預金は小切手や振込などの支払手段を使ってYの預金に振り替わる。Yの口座が別の銀行のものであれば預金は貸し出した銀行から流出するが、当該銀行内にとどまっていれば、銀行間の貸借で調整できる。このような過程が繰り返されれば、銀行は無限に貸出＝預金を創造できることになるかもしれないが、実際には、預金の一部は現金で引き出され、銀行預金のネットワークから流出するため、銀行の信用創造は現金準備（支払準備）によって制約される。現金での流出が預金の一〇％であれば、銀行は現金準備の一〇倍の貸出＝預金を創造できることとなる」（同書二一二頁）

このように貸出業務のもつ資金の媒介および造出の機能は、銀行の本質的なものであり、これによって銀行は経済活動に必要な資金を供給するという重要な役割を果たしています。

## 第3節　貸出業務の基本原則

銀行も私企業として営利を目的としています。したがって、資金運用の本業である貸出業務においても収益性が重視されることはいうまでもありません。一方、消極的意味においては、リスク分散を図り、回収不能による損害の発生を最小限にとどめることも大事です。これが、貸出業務の収益性および安全性の原則といわれるものです。

この収益性および安全性の原則といわれるものは、他の業界のいかなる企業の経営にも共通するものですが、とりわけ銀行の貸出業務においてはこのことが強く要求されます。その理由は、貸出の原資は預金者から預かった預金であるからです。

銀行は信用経済社会の中心に位置し、その業務運営の適否は信用秩序の維持に重大な影響を及ぼします。特に、貸出業務に支障が生じ不良債権が増大することは、預金の支払が困難になり、連鎖的に信用秩序が破壊され、甚大な社会的・経済的影響を招きます。このことは、バブル崩壊後に経験したことです。その経験から学んだことは、銀行の経営で最も重要なことは健全経営を行うということです。

健全経営の観点から貸出業務をみるとき、収益性と安全性が満たされれば足りるというものではありません。銀行の貸出業務は、銀行自身の発展と成長につながるものでなければいけません。貸出業務は貸出先の発展に資するとともに、優良取引先を確保することに意味があり、そのことで銀行は経済社会との絆を強め、経済社会における地位を強化し、信頼の基盤を確実なものにしていきます。これを銀行の成長性の原則といいます。

収益性、安全性、成長性の原則は、銀行が私企業として当然に要請されるものです。一方、銀行の貸出業務は金額的規模も膨大であることから国民経済の健全な発展に寄与する行動にも考慮しなければなりません。反社会的勢力や公序良俗に反するようなところへ流れる貸出は行ってはいけません。これを貸出業務の公共性の原則といい、収益性、安全性、成長性とあわせて貸出業務の四つの基本原則といわれています。

もう一つ考えなければいけないことがあります。それは、銀行の貸出金の原資は預金であることから、預金の預り期間の構成を考慮するということです。言い換えると、調達（預金）と運用（貸出）の期間による極端なミスマッチが生じないように、貸出形態・返済期間については、流動性を考慮することが望ましいと考えます。

わかりやすく説明すると、期間一年の定期預金一〇〇を原資に、期間五年の貸出一〇〇を行うリスクを考えてください。預金者が一年で一〇〇の預金を引き出す場合、期間五年の貸出は五年という期限の利益を貸出先に与えていることから、預金者からの払戻請求があるからといって、貸出先に一年で返済を求めることはできません。ということから、貸出債権の換金性＝流動性を常に考える必要性があります。これを流動性の原則といいます。

銀行が貸出業務の運営を行う際、上記原則は普遍的であるべきと考えます。しかし、現実に即してみるとき、常にこれらの原則を遵守している状況でないことも事実です。また、これらの原則がもつ意味も、時代の流れと経済社会の変化とともに変わってきていると思います。

貸出業務に携わる人たちは、いま一度、これらの原則の存在を知り、その意味を考えることが貸出業務を遂行する「基本」であると考え、以下に四原則それぞれについて説明をしてみます。

## (1) 収益性の原則

銀行が私企業であることから、収益性の原則が重要であることは論をまちません。銀行が収益をあげて自己資本の充実を図ることは、単に利益をあげるということ以上に重要な意味があります。

貸出業務において収益をあげる方法は、貸出金残高をふやすか、金利を高くするかのどちらかです。しかし、そのどちらもいまは困難な状況になっています。また、貸出業務は常に回収不能になるというリスクを抱えています。

第1章第2節で述べたとおり、日銀の資金循環分析による部門別資金過不足の変化をみると間接金融モデルは大きく変化し、デフレ経済下で資金需要も乏しいことから、貸出金が大きくふえることは期待できません。

また、金利については、最早、資金の需給関係で決まるという理屈が通用しない状況にあります。それは、銀行の短期的な視野に基づいた金利引下げ競争が招いた結果です。金利を高くして借りる企業は、要注意先等問題先である場合が多いといえます。

銀行が収益性の原則を考えるとき、目先の収益を追求するあまり、貸出金の安全性を無視することがあってはいけません。長期的にみた場合の収益性の原則を考えると、貸出先の成長と発展に資することに貢献することが重要であると考えます。そして、堅実な利益の積重ねが大事であり、いやしくも収益を先食いするようなことを行ってはいけません。

以上のことから、収益性の原則は安全性と成長性の原則と表裏一体の関係にあることがわかります。大事なことは、個々の貸出案件から利益極大化を図らんがために「木をみて森をみず」の弊害に落ち込んではいけないということです。貸出業務は近視眼的行動を慎み、大局的な判断が大事であるということを忘れてはいけません。

## (2) 安全性の原則

貸出業務の安全性の原則というのは、貸出金が確実に回収されるものでなければいけないということです。貸出金が回収不能になるということは、収益的には大きなマイナスとなり、銀行経営に影響を及ぼします。損失額を償却したとしても、それは運用資産の減少を招くとともに、銀行の資金繰りに影響し、貸出業務の運営について信用を失うことになりかねません。したがって、安全性の原則は貸出業務の基本原則のなかで最も重要な原則といえます。

貸出金の安全性については、次の諸点について考えなければいけません。

① 返済能力と返済意思

貸出先に返済能力と返済意思がなければ貸出金は回収されません。当たり前のことですが、貸出判断に際してはこの点について確認しなければいけません。貸出案件の審査の目的はここにあるといえます。

② 担保および保証

返済能力が必ずしも十分でない場合はもちろん、返済能力が十分にあると判断される場合でも、不測の事態の発生に備えて担保と保証を徴することがあります。

③ 貸出期間

安全性の見地からは、貸出期間は短期のほうが望ましいといえます。貸出業務において、貸出期間の長さはリスクの大きさに比例します。

貸出期間が長いということは、予期せぬ経済の変動や業績の低迷等により支払能力に危険が生じる可能性の確率が高くなります。事業業績の変化に対応した債権保全策をとるとき、期限の利益が支障になることがあります。その意味で、貸出先の実態を把握するためには手形貸付（期間半年または一年）で期日ごとに業績等の検証をしながら書替継続する等の対応を行うことが安全面で好ましいといえます。

④　商手割引の優先

かつては、新規の貸出取引を行う場合は、一般論として商手割引から開始するべきであるという考え方がありました。いまは、商手自体が少なくなっていますが、なぜ商手割引を優先するかという考え方は知っておくことは有用と思い、次に書いておきます。

商手は自動決済力をもち、しかも手形債務者が必ず二人以上存在することから、保証人がいるのと同様の効果が期待できます。また、手形支払人を分散させることでリスク分散につながります。ただし、融手の存在もありえますので、商手割引といえども手形の審査には十分な注意が必要です。

## (3)　成長性の原則

貸出業務の成長性というのは、銀行が貸出を実行することによって貸出先の成長・発展に資すると同時に、銀行自身の成長にも貢献することを意味します。第1章第1節で日本の経済成長率の推移をみましたが、戦後の高度成長とその後の安定成長において、銀行の貸出業務が果たした役割には大きいものがありました。これは、貸出業務が個々の企業の成長を支え、発展に寄与してきたことにほかなりません。そして、そのことで銀行も成長してきました。企業の成長は、国民経済上はもちろん銀行にとっても重要な意味があることを知らなければいけません。一般的に、成長性が高い企業は収益性や安全性も高いといえます。

成長性の判断については、個別企業の財務上の健全性もしかりですが、業界や商品の動向も重要なポイントになります。老舗企業・ベンチャー企業のみならず、貸出先の事業内容について、産業調査的な観点からの見通しも大事になると思います。昨今は、数少ない貸出先を見出すことに汲々として、いちいち貸出先の成長性など問題にしていられないのが現実のようです。しかし、成長性の追求を怠ると、銀行自身の成長性につながらないことを知らなければいけません。貸出金を伸ばすという目標を優先しすぎて、この観点をないがしろにすると、そのツケは後になって大きく支払うことになりかねません。

### (4) 公共性の原則

公共性とは、一般的には社会全般との関連性が強いことを意味しますが、銀行の貸出業務における公共性の原則とは、その調達原資である預金者の預金を保護することを社会的責任の第一に考えることだと思います。この意味で公共性を実現するためには、貸出業務における資金運用は安全性を重視した貸出運営を行うこととなります。預金は国民から預かった財産であるという認識をもち、国民から預かった預金は国民経済の発展に寄与するよう有意義に使わなくてはいけません。いやしくも、貸出金が反社会的勢力に流れたり、投機・奢侈を目的にするところへ貸したり、社会から指弾される公序良俗に反するようなところへの貸出は行うべきではありません。また、返済されないリスクが高いことを承知して貸出を行うことも慎まなければいけません。

銀行がバブル期に行った貸出は不良債権を大量につくり、それが原因で破綻する銀行まで現れました。これは公共性の原則に反する貸出があったといわざるをえません。この時の貸出は国民経済的にみて無意味・有害な貸出であったと反省したうえで、銀行は社会的・経済的機能を自覚した健全な貸出運営に心がけなくてはいけません。

銀行は私企業でありますが、貸出業務を行う場合は公共性と私企業性の二つをいかに調整し止揚していくかが問われているのです。この答えをどのような行動をもって結果として示すことができるかが、個別銀行の品性と優秀性であり、担当者の品位とモラルの高さに表れるものと考えます。儲かるならば、数字に寄与するならば、法令に反しないならば、何を行ってもよいという論理だけで突っ走ることは許されません。

# 第4節　貸出事務の重要性

貸出業務は適切な判断と適正な事務によって行われます。どちらか一方が欠けると、貸出業務は安全性の確保に支障をきたすことになります。要するに、貸出債権の保全に重大な影響を生じることとなります。適切な貸出判断を行ったにしても、事務が疎漏であれば銀行に損害を与えたり、銀行の信用を失墜させることにもなるからです。

前節で、貸出業務において安全性の原則が最も重要であると書きましたが、実際の貸出業務においては、数値目標の達成を期待されている人のなかに、事務をおろそかにする人をみかけます。これは絶対にいけません。

筆者の持論ですが、貸出業務の第一線で貸出先を担当する人は、貸出事務と預金係でしかるべく経験を積むことが必要であると考えます。車の運転にたとえるならば、法令が合格していないのに、実技だけで路上運転を行うようなことは危険だということです。

最近は、渉外と事務に担当を分けている銀行も多いようですが、どちらの人も貸出業務に携わる限り、次の二点は絶対に厳守しなければいけません。

①　標準手続の遵守。

② 手続を行うに際して、手続の背景にある法律等の趣旨を理解する。

なぜならば、一つひとつの手続が制定された背景には、必ず根拠となる理由が存在するからです。なぜこのような手続を踏むのか、なぜこのような書類が必要なのか、という標準手続の背景を理解することが大事です。標準手続の背景となる理由を理解しないで事務を行うと、いずれ同じ事務を行うことにマンネリを感じて、自分のやりやすいような方法で行うようになる可能性があります。それは思わぬ結果を招くことになります。それを防ぐためにも、標準手続の背景を理解することは、事務手続の意味の重要性を知り、事務が形式的に流れないようになります。

標準手続は、貸出業務に関する事務について、関係する法令や判例をもとにして、最も合理的と考えられる方法で標準化した事務取扱いの手続規程といえます。特に、貸出業務の標準手続は債権保全を最も重要視して制定されたものです。日常の一つひとつの事務を取り扱うとき、標準手続の定めを遵守することが、債権保全につながります。万に一つも手続を逸脱することは、コンプライアンス違反であり、銀行に損害を与えることにもなりかねません。

渉外担当者が、貸出先にいい顔をするため、調子よく格好をつけて、手続面で優遇・利便を与えることは絶対に行ってはいけません。

『第一銀行史〔上巻〕』（一九五七年発行）の巻頭の「序」には次のようなことが書かれています。

「銀行業の本質は世人の思う如く金銭の集積のみではない。その中核は寧ろ無形なものである。無形なものであると言う意味は取引先との相互信頼の関係、其間の取引を寸毫の誤差なく記録する精巧なる帳簿組織、事務組織である」

貸出先は銀行の正確で確実な事務に対して大きな信頼を寄せていることを忘れてはいけません。

## 第5節　銀行取引約定書

あなたは銀行取引約定書を読み、条文が意味する内容を正しく理解していますか。

筆者は、最近五年間で約一〇〇回の貸出業務にかかわる研修講師を行ってまいりましたが、銀行取引約定書を読んだことがない人、条文の意味を理解していない人が数多くいると感じています。貸出業務の法律的側面の基礎となる勉強ができていません。これでは困ります。

貸出業務は金を貸して利息を得るという経済取引である一面、銀行と貸出先が債権者と債務者の関係になるという法律的側面もあります。日々の貸出業務が数値目標の達成率に追われてばかりいると、法律的な基礎知識の土台づくりが後回しになり、土台ができあがっていないまま貸出業務を行っている人が多くいます。

貸出業務を開始するとき、必ずすべての銀行がすべての貸出先との間で銀行取引約定書を交わします。貸出業務に携わる者はこの銀行取引約定書を正しく理解しておかなければいけません。本書では条文の細かい説明は行いません。ここでは、銀行取引約定書の歴史と性格、適用範囲などの概観を書いてみます。

## (1) 銀行取引約定書制定の経緯と歴史

昭和二〇年代から、銀行が貸出取引を開始するとき、各行は独自に定めた約定書に基づいて貸出取引を行っていました。しかし、取引銀行によって約定書の形式、内容、表現方法に違いがありました。また、貸出先からみた場合、約定書があまりにも一方的内容で、取引先の利益を無視した規定が多いという批判もあり、内容の見直しと統一化の検討が必要とされました。

全国銀行協会は一九五四年頃から、約定書の統一化推進の検討を開始したが遅々と進みませんでした。その検討を後押ししたかたちになったのが、一九五七年に京都地方裁判所において、国（原告）と三菱銀行（被告）の間で争われた預金返還請求事件の判決（注）です。この裁判で三菱銀行が敗訴したことが銀行界の約定書の不備に対する認識を強め、基本約定書のひな型を作成することを促すことになりました。

（注） 判決の詳細は、旬刊金融法務事情、一九五八年一月二五日付、第一六三号に掲載。

全国銀行協会法規部会は一九六〇年に「銀行取引約定書試案」を発表し、これをたたき台にして学識経験者や関係方面の意見、判例の動きを勘案し、一九六二年八月七日に「銀行取引約定書ひな型」ができあがりました。

この「銀行取引約定書ひな型」をほとんどの銀行が約定書の基本モデルとして採用しました。一九七七年四月にひな型の一部改正がありましたが、このひな型がその後三八年間にわたり、貸出取引に関する基本約定書の参考例として大きな役割を果たしてきました。

二〇〇〇年、全国銀行協会はこの「銀行取引約定書ひな型」の廃止を決定しました。その理由は、金融自由化の進展や自己責任原則に基づく創意工夫の要請等、銀行業界を取り巻く環境が変化するなか、公正取引委員会から「銀行間の横並びを助成するおそれがある」という指摘があり、その取扱いを検討した結果、ひな型を廃止することになりました。

公正取引委員会の指摘内容もあり、全国銀行協会はひな型の廃止とともに、新たなひな型の制定も行わないこととしました。したがって、各銀行が独自の判断と責任においていままでの銀行取引約定書を改訂することになりました。しかし、従来使用してきた銀行取引約定書は一九七七年の改正以来二十数年が経過していること、また各銀行において全国銀行協会法規部会のレベルで検討することはむずかしいということもあり、全国銀行協会は各銀行が独自に銀行取引約定書を定めるに際し、留意すべき事項を発表しました。

現在、各銀行が使用している銀行取引約定書は、全国銀行協会の「銀行取引約定書に関する留意事項」（二〇〇〇年四月）と「銀行取引約定書に盛り込む暴力団排除条項参考例の一部改正について」（二〇〇八年一一月）を参考に作成されています。

**寄り道**　**昔の銀行取引約定書**

旧三菱銀行約定書（一九五〇年三月時点）からの抜粋（旬刊金融法務事情、一九五八年一月二五日、第一六三号、三五頁）。

「約定書

拙者儀貴行トノ取引ニ関シ左ノ各項契約致候

一、拙者ヨリ貴行ニ現在差入レ並ニ将来差入ルヘキ凡テノ担保品ハ其従属スル債務ヲ担保スルノ外該担保品差入ノ前後ニ拘ラス拙者ノ振出裏書又ハ引受ニ依ル約束手形、為替手形及当座借越其他一切ノ債務ニ対スル担保トシ共通流用可被成下候

一、拙者ノ貴行ニ対スル債務中履行ヲ怠リタルモノアル場合ハ勿論貴行ニ於テ債権保全ノ為必要ト認ムル場合ハ諸預ケ金其他貴行ニ対スル拙者ノ金銭債権ハ総テ拙者ノ貴行ニ対スル金銭債務悉皆ニ対シ右債権債務ノ期限如何ニ拘ラス又拙者ヘノ通知ヲ要セスシテ差引計算被成下候共異議無之候

（中略）

一、諸手形其他証書類ノ署名又ハ捺印ニシテ予テ差出シ置キタル筆蹟又ハ印鑑ニ符合シ相違ナキコトヲ御認メノ上御取引相成タル以上ハ印章盗用其他如何ナル場合ニ於テモ因テ生スル損害ハ拙者ニ於テ之

ヲ負担シ聊カモ貴行ニ御迷惑相懸申間敷候
昭和　年　月　日
株式会社三菱銀行　御中」
～昭和三〇年代後半まで、このような文語調の「約定書」であったことを知り、筆者も驚きました。

## (2) 銀行取引約定書の役割

銀行が貸出取引を行うとき、銀行は貸出先に対して債権者となります。銀行は債権者として、民法、商法、会社法、手形法、小切手法、その他の法律の保護を受けることになります。貸出先は債務者として、債務を履行する義務を負うことになります。

しかし、法律は銀行取引用に定められたわけではないことから、債権者・債務者として適用される法律は、具体的な貸出業務に照らし合わせるとき、一般的・抽象的であるという印象を免れえません。貸出取引から生じる債権債務の権利関係について具体的な取決めが必要であるとともに、法律ではカバーできない特殊事情もあるため、特約としての取決めが必要であり、それが約定書作成の原点になります。

現在、各銀行が使用している銀行取引約定書は、前節で書いたとおり、全国銀行協会の「銀行取引約定書に関する留意事項」をふまえて、各銀行が独自に作成したものです。従前は、ひな型と同じ条文の銀行取引約定書でしたが、各銀行はいままでの銀行取引約定書を基本にするも、各行独自の判断で、条文の新設・削除・修正をもって新たな銀行取引約定書を定めています。しかし、その実態は、各銀行が定めた銀行取引約定書の内容に大きな違いがあることはないと思います。

貸出業務に携わる者は、前節に記した銀行取引約定書の歴史を知ったうえで、自行の銀行取引約定書を読み、各条文の意味を正しく理解し、貸出先から質問されたときは内容を説明できなくてはなりません。これは貸出業務を遂行するうえで必要となる法律的基礎となる土台です。

銀行取引約定書の各条文の解釈についても、法律解釈の一般と同じく、信義則に基づいて客観的・合理的に解釈されるべきことが要求されます。あまりに銀行の利益の偏重に走る解釈を行うことなく、貸出先の保護についても考慮されるよう努めるべきと考えます。

いままでの銀行取引約定書は、貸出先が署名捺印したものを銀行宛てに提出する差入方式でしたが、各銀行ともこれを銀行と貸出先の双方が署名捺印する方式に変えました。貸出先もこの内容を包括的に承認した契約と解されています。その意味では、銀行の説明義務はないといえますが、昨今は銀行の貸し手責任（レンダーライアビリティー）という問題に焦点が当てられてきていますので、実務上は契約内容を説明しておくことが望ましいと考えます。その意味からも、銀行取引約定書をしっかり勉強することが大事です。

# 第7章

# 貸出業務の要諦

## 第1節　貸出業務の要諦

貸出業務の要諦（注）は債権保全です。貸出金が焦げ付いて回収できなくなることを防ぐことが、貸出担当者の最大の使命です。

（注）要諦という言葉の意味は、「肝要なさとり、肝心な点」（広辞苑）です。

前章第3節で、「収益性の原則」「安全性の原則」「成長性の原則」「公共性の原則」の四つの基本原則を述べました。なかでも最も重要な原則が「安全性の原則」であると書きました。なぜならば、貸出金が回収できずに損失となることは銀行経営にとって大きな痛手となるばかりでなく、銀行の信用問題にまで発展する懸念があるからです。

したがって、貸出業務においては、貸出の実行から期日に返済されるまで、しっかりと債権管理を行い、必要ならば貸出金の債権保全を図り、倒産に至った場合でも焦げ付きによる損失を回避する、または損失額を最小限にくい止めるようにすることが、すべてに優先することを認識しなければいけません。

いやしくも、自分たちの使命は貸出残高を伸ばし、利益の極大化を図り、本部目標を達成することにあると考えている人がいるとしたら、その人たちに、貸出業務の要諦は債権保全であるという考え方の根拠を以下に示したいと思います。

## (1) 銀行破綻の要因

金融庁の資料によると、一九九一～二〇〇二年度の間に一九の銀行が破綻しましたが、その原因は一九行とも貸出債権の不良化でした。同期間に二七の信用金庫、一三四の信用組合も破綻しましたが、うち二三信用金庫、一二三信用組合が破綻の原因として貸出債権の不良化をあげています。

貸出債権の不良化が原因であるということは、言い換えれば不良債権を出さない貸出運営、すなわち債権保全が大事であるということにほかなりません。

## (2) 貸出業務における利益額と損失額

期間一年、金額一〇〇〇万円、貸出金利二%の貸出から得られる貸出金利息(利益)は二〇万円です。この二〇万円が利益として計上できるには一〇〇〇万円の貸出金が回収されるという前提があります。この貸出が焦げ付いた場合の損失額は、利益額とは比べものにならない元本額の一〇〇〇万円となります。貸出業務で「回収なくして利益なし」といわれるゆえんはここにあります。

### (3) 貸出金損失額のリカバー

かりに一〇〇〇万円の貸出金が焦げ付いて、回収不能になったと仮定します。一〇〇〇万円の損失を新たな貸出で取り戻すには、総資金利鞘が〇・五％である場合、1,000万円÷0.5％＝20億円の貸出増加が必要となります。同じく一億円の貸出金が回収不能になった場合、一億円の実損額を貸出業務で取り戻すには二〇〇億円の新規貸出増加が必要であることになります。既存貸出金の債権保全を図ることの重要性がわかると思います。

以上のことから、貸出業務は貸出残高の数字を伸ばすだけではなく、貸出金が確実に返済されるまでのワンサイクルをしっかりと管理することの重要性が理解できたかと思います。貸出残高の大きさを誇るだけならば、バブル期の貸出残高のほうがはるかに大きかったはずです。しかし、いくら貸出残高が大きくても、シロアリに食われ、ウイルスに罹っているような貸出であれば、それは結果として銀行の破綻や経営悪化を招いてきた過去を知り、健全な貸出運営を行うことの重要性を知らなければいけません。いま求められているのは、良質な資産としての貸出残高をふやすことです。ただし、良質な貸出を積み上げても、経済環境の変化や経営の失敗等々の理由で資産内容が劣化することはあります。そこで大事なことは、既存貸出資産内容を守ることであり、それが貸出業務の要諦としての「債権保全」であるということです。

## 第2節　債権管理

債権管理は、貸出債権を保全するために、貸出先に異常事態が起きたときに所要の対策を打つ（＝債権保全を図る）ことにつなげる大事な仕事です。

池尾和人著『現代の金融入門』（二〇一〇年、ちくま新書）に次のような記述があります。

「金融取引において、資金の融通を受けた主体の状況を監視することは、資金提供者の利益を保全するために、ほとんどの場合に不可欠である。しかし、こうした監視という活動は、審査の作業と同様に、費用と専門能力を要するものである」（同書三〇頁）。これが債権管理です。

債権管理とは、貸出実行後返済期限まで、貸出先に対して動態的管理を行い、変化・異常の発見を行う仕事と定義できます。

債権管理の視点について、そのポイントを以下にまとめてみました。

①　貸出金の資金使途のフォロー

第3章第7節で貸出実行後の資金使途のフォローについて述べました。

②　業績の変化

特に売上げの減少に注意。その他にも輸出型企業の場合の為替変動や、取扱商品の販売動向や業界動向にも注意が必要です。

③　債権・担保の変化

担保・保証の変動に係る諸事項については、債権保全上大きな影響を及ぼすことがあります。そのような変化の有無は敏感に感知する必要があります。

④　虚偽・粉飾の発見

借入申出内容や貸出判断を行ったときの情報や材料に間違いがなかったか、決算書や業績報告、試算表等に虚偽・粉飾はないかの精査も大事になります。

⑤　他行の貸出姿勢の変化

当行が知らない情報を主力銀行が先に知りうる立場であることから、主力銀行の貸出残高の推移から、貸出先に対する貸出姿勢や方針の変化を読み取ることも大事です。

このような債権管理を行うポイントは、貸出先への訪問、経営者とのコミュニケーションと、自らのアンテナ機能にあります。

## 第3節　守りの貸出業務

多くの銀行は、貸出業務の目標として、ボリューム残高と利益の数値を伸ばすことに主眼を置いています。債権保全は、残高と利益を伸ばすという数値目標ではないことから、債権保全に対する意識が低い人が多くいます。貸出は実行すれば終わりという考え方は間違っています。貸出業務においては「回収なくして利益なし」ということを忘れてはいけません。

目にみえる数字を伸ばすという攻めばかりの貸出業務ではなく、数字には表れない債権保全を意識した守りの貸出業務を行うことも大事です。第1章でみたように、部門別資金過不足の状況が変わり、法人部門は資金余剰の状態であり、デフレ経済で資金需要が乏しいなか、攻めによって貸出残高を伸ばすことはむずかしくなっています。いまは守りの貸出業務が重要になっています。

守りの貸出業務では利益につながらないと思っていたら、次のように考え直してみてください。不良債権のために要する償却や引当の金額が減少すれば、それは利益につながります。

本章第1節(3)の「貸出金損失額のリカバリー」で、一億円の実損額を取り戻すには二〇〇億円の貸出増加が必要であると書きました。前述のとおり、貸出残高が伸びにくい環境下で二〇〇億円を増加させることは至難です。であるならば、実損を出さない守りの貸出運営が重要であることに気づくはずです。
守りを意識し、債権保全を意識した貸出業務の一端を以下に紹介します。

## (1) 経常運転資金貸出の採り上げ方

筆者は経常運転資金貸出に対応する貸出形態は手形貸付が望ましいという考えです。当座貸越の極度扱いや証書貸付（長期）で採り上げることは、債権保全を意識した場合、決して望ましい採り上げ方とはいえないからです。

〈当座貸越の極度扱い〉

当座貸越は極度の範囲で貸出義務が生じます。業績が悪化した貸出先が他行から借入金返済の要請を受け、自行の当座貸越を使用して他行借入の返済に充当することを拒絶できません。その結果、貸出先が倒産した場合、当座貸越極度額全部が損失となる懸念があります。

また、当座貸越は極度の減額や解約ができるという特約がありますが、実務上は、よほどの事情がない限り銀行の都合で極度の減額や解約はむずかしく、それを銀行が強行すると、優越的地位の濫用や信義則に反することになりかねません。当座貸越は、実質的に期限がない貸出契約という側面もありますので、その利用は慎重に行わなければいけません。

貸出先がいつ業績悪化に陥るかわからないという前提に立った場合、貸出形態についても債権保全対応に資する法的側面を考える必要があります。手形貸付より印紙税が得であるとか、簡便に借入できるというように、貸出先からいわれるがままに当座貸越にするという姿勢は、貸出業務の要諦は債権保全にあるという本質を忘れた行動であると思います。

〈証書貸付（長期）〉

そもそも、経常運転資金（＝所要運転資金）金額の妥当性は毎年の決算書で算出し確認するものです。翌年以降の所要運転資金がどのように変わるかわからないのに、直近の決算書で算出した金額を長期運転資金と称して長期貸出で対応するということは理に適わないばかりかリスクが大きいといえます。また、証書貸付（長期約弁付き）で貸出を行うということは、約弁が進むと必要とする所要運転資金金額を下回ることになります。貸出残高が必要金額を下回る状態になったとき、折り返し資金として過去ピーク（当初貸出額）まで貸す対応を行いますが、その時は所要運転資金の妥当性をどのように検証しているのでしょうか。無条件に過去ピーク（当初貸出額）まで貸すことは正しいでしょうか。売上減少に伴い減少運転資金が生じた場合でも当初貸出金額まで折り返し資金を出すのでしょうか。

経常運転資金を長期貸出で対応する場合、貸出先の業績が悪化して債権保全を図らなければいけないとき、貸出期限が来る前に返済を求めたり、残高の圧縮を図ることは容易にできません。

債権保全という観点からすると、期限の利益を長期間にわたって与えることはリスクが高いということで、業績悪化したときも債権保全の対策が後手に回る可能性が高くなります。

以上の考え方から、経常運転資金貸出は手形貸付で対応し、手形の書替時に貸出先の業況チェックを行い、債権保全面で弾力的に対応できる余地を残しておくほうが望ましいと考えます。経常運転資金貸出は企業にとって必須資金であり、返済を求めず手形の継続で対応することをとらえて、長期資金的性格をもつ性格であるならば長期金利を適用する〜という理屈構成は、貸出業務の要諦である債権保全を忘れて、収益ねらいの詭弁を弄しているようにしか思いません。

## (2) 動態的実態把握による債権管理

動態的債権管理については、第3章第8節でも述べましたが、ここでも簡単に触れておきます。

年一回だけコンピュータによる決算分析を行っただけで、日常的に債権管理を行わないことは、貸出担当者として失格です。決算分析は一時点の業績チェックにすぎません。決算時点あるいは貸出実行時点で、企業業績・財務内容に問題がなかったとしても、その後に業績が悪化することは当然にありえます。真面目な経営者が真面目に経営を行っていても、経済環境の変化や、取扱商品上の問題や、主要仕入・販売先の影響や、自然災害や、あるいは会社内部の問題等々によって企業の業績がいつ悪化するかわかりません。大事なことは、日々とまではいわなくても、常日頃から貸出先の業況をフォローすることであり、それは貸出担当者の重要な責務です。

その債権管理は、貸出先の現状の実態把握がポイントです。過去の数字を並べて、期末日現在の残高やシェアの推移をながめたところで、現時点で起きている問題点はみえません。大事なことは、「いま」の状況を正確に、かつ早く知ることです。

その方法として、当座預金の異常な動きをチェックする、決済された手形の銘柄等をチェックする、借入方法の変化（商手割引から手形貸付へ）に気づく、他行の貸出姿勢に変化を感じる、月商ヒアリングから売上減少に気づく等々があります。小さな変化を見逃すことなく、気になったことは確認することで、実態把握を行うことが大事です。

ガンでも早期に発見すれば生命が助かるように、貸出先の病変に早く気づくことで債権保全の手が早く打て、結果として貸倒損失の被害を被らずにすむことができます。

# 第4節　逃げ足が速いという批判

筆者が現役の支店長時代、業績悪化が顕著な貸出先、粉飾決算が判明した貸出先等で業績回復が見込めず、倒産が懸念される場合、債権保全の一つとして「他行による被肩代わり」という手法を使いました。万が一に倒産した場合、引当がフルカバーでないため実損を被る可能性がある貸出金を他行に肩代わってもらうのです。といっても他行にそれを依頼するわけではありません。依頼はしなくても貸出残高を伸ばしたいという銀行、目標達成を生きがいにしている他行の貸出担当者は、財務内容も業績も悪い会社であることを知ってか知らずか、貸出目標達成に焦っているのか、業績が悪化している貸出先の貸出金を積極的に肩代わりしてくれました。私の支店にあった要注意先や不良債権に陥る懸念がある貸出は他行が肩代わりしてくれたおかげで、その会社が後日倒産したとき、貸出債権は他行に移っていますから私の支店の損失はゼロですみました。

筆者が、研修講演の場で「貸出業務の要諦は債権保全にあり」と話し、動態的債権管理の具体的方法や、債権保全策の一つとして上記の被肩代わりの手法を紹介し、貸出先が倒産した場合でも実損を免れることができたという話をしたとき、「逃げ足が速い」と批判的な意見をいう人がいます。その人の意見を聞くと、貸出先に対して「卑怯な行為」であり、実損を回避したことに関して「ずるい行動」ではないかというニュアンスが込められていました。

そのような批判は当たっているでしょうか。私は的外れな意見であると思いますが、あなたはどのように考えますか。

貸出先から貸出金の回収を図り、結果的に貸倒損失を出さなかったことに対して「卑怯な行為」といっていますが、それでは、損失を被ったとき、株主や預金者に対する責任についてどのように思っているのでしょうか。銀行は預金者の財産である預金を使って貸出業務を行っています。銀行法においては「預金者保護」が掲げられ、第6章では貸出業務の基本原則として「安全性の原則」と「公共性の原則」について書きました。

貸出金に対して債権保全を図り、貸倒損失を回避する行為は、銀行法の目的にかない、コンプライアンス経営にのっとった行動であると考えます。これを「卑怯な行為」という人は、倒産が必至である貸出先に対して何をしてあげたいのでしょうか。

また、実損を回避できた銀行に対して「ずるい」という言葉を発する人は、実損を被った銀行の立場からひがみとして出た言葉なのでしょうか。そのような的外れかつ感情的な言葉を発し、自分たちが行っている貸出業務を省みないことのほうが間違っていると思います。

筆者は、「逃げ足が速い」と批判的な意見をいう人に次のように言い返しました。「逃げ遅れて実損を被ったあなたの銀行は、債権管理や実態把握を行っていないのですか。債権管理・実態把握を行っているというのであれば、それはかたちばかりで、本質的な実態把握ができていないため債権保全策を打つに至らなかったのではないですか。厳しくいうならば、貸出業務の基本である「安全性の原則」や、銀行法の目的である「預金者の保護」ということの理解や意識に欠けているといわざるをえません」。これに加えて、「逃げ足が速いといわれることは、債権管理をしっかり行い、債権保全意識が高いというほめ言葉として受け止めます」といいました。

中国の魏晋南北朝時代の宋の将軍、檀道済の「三十六計逃げるに如かず」という有名な言葉があります。作戦はいろいろとあるが、逃げるべきときには逃げて、身の安全を保ち、後に再挙を図るのが最上の策であるという意味です。貸出業務も、倒産懸念がある貸出先から逃げて（＝貸出金の回収）、貸倒損失を回避することは、自分の身（経営）を守ることであり、預金者の保護に資すると考えます。筆者は、「貸出業務の要諦は債権保全にあり」という考え方は間違っていないと思います。

# 第8章

# 貸出判断の基準

# 第1節　判断の尺度

あなたは、貸出案件に接したとき、その貸出を採り上げて実行するか、実行しないかの判断の尺度をどこに置いていますか。そのように問われて、判断の尺度をもっていないことに気づいた人はいませんか。または、尺度をもっているといいながら、どの尺度か迷うように、案件によって都合のよい適当な尺度で判断しているということはありませんか。

貸出案件を採り上げるか否かの尺度はどのようなものであるべきでしょうか。儲かるか儲からないかという採算でしょうか。違法か合法かという法律的尺度でしょうか。違法でもバレなければいいのでしょうか。それとも上司の命令、指示によるのでしょうか。数値目標に寄与するか、しないかで決めるのでしょうか。

カントは行動する尺度について次のように考えました。

「純粋な理性の要求するところ、すなわち最高の道徳法則は、こうなる。〝なんじは、なんじのやろうとしていることを、いま、だれが行ってもふさわしいことであるかどうか、つまり、なんじのやろうとしていることが普遍的に妥当するかどうかを考え、そのような基準にかなうよう行為せよ〟と。これが、じつはごくふつうの人が、道徳的な善悪を判断したり、何をなすべきかをきめたりするばあい、いつも眼前において使用していた正しい尺度なのである。カントは、ふつうの常識を明確に方式化したにすぎない」（小牧治著『カント』一九九七年、清水書院、同書一七〇頁）

カント倫理学では、主観的原理はいつも理性的でなければいけないと説いています。あなたが行う判断・行為は、ほかのだれにも通用するものでなくてはならないといっています。

筆者の経験から、次のようなことがいえると思います。

・上司から評価を得たいと意識する心は、目を曇らせます。
・貸出先によい顔をして好かれたいと思う心は、目を曇らせます。
・数的目標に寄与することを第一に考える心は、目を曇らせます。
・儲けるためにはと考える意識は、目を曇らせます。

貸出案件に接したとき、自分の評価に結びつくという打算的判断が入ったり、数値目標や、儲かることに目がくらみ、貸出の可否を判断する前に、貸出したいという意識になり、〝先に結論ありき〟では困ります。自己本位の尺度からは、自己本位な考えしか生まれません。貸出案件＝数字・儲けと思うようでは困ります。

貸出担当者として、貸出案件の判断尺度をどのようにもつべきかについて考えることは重要であると思います。

# 第2節　正しいか正しくないか

筆者は、どんな仕事を行ううえでも、「人として正しいことは何か」という判断基準が原点にくるべきであると考えます。すべての人間に「良心」があります。ところが、人の心は動かされやすいもので、時として良心がみえなくなったり、良心を忘れてしまうことがあります。そういうときに下す判断は自己中心的になりがちです。迷ったときは、「人間として正しいか正しくないか」「行っていいことか、いけないことか」と自分自身に問いかけることが必要です。

「真っ当な貸出」を行う判断の原点も同様であるべきと考えます。

貸出案件に接したとき、まず、貸出先からの借入申出の内容は正しいか正しくないかを検証することから始めます。資金使途・借入金額等の申出内容が正しいことを確認することが第一歩です。その次に、銀行として、担当者として貸出を実行するときの判断・行為が正しいか正しくないかを自ら省みることも行います。

具体的に説明いたします。

貸出先は借入申出内容において、資金使途を偽ったり、必要金額以上の借入金額をいってくることがあります。銀行は借入申出内容を見極める検証から始めます。正しい資金使途と必要な貸出金額を確認することが担当者の役目になります。たとえば、それが季節資金二〇〇〇万円の借入申出で、検証の結果が妥当である場合、この借入申出に対し、銀行は期間六カ月の手形貸付あるいは当座貸越で二〇〇〇万円の貸出を行うのが正しい行為になります。

ところが、本部からの貸出残高増加目標を意識して、借入申出金額二〇〇〇万円に対して三〇〇〇万〜四〇〇〇万円の借入を勧める人がいます。いわゆる、貸込みといわれる行為です。また、いつでも借りられるようにと三〇〇〇万〜四〇〇〇万円の当座貸越極度の契約を勧める人がいます。あるいは、今期にアップフロントで計上できる収益を意識して私募債の起債を勧める人がいます。このような行為は正しいでしょうか。銀行の利益につながる行為といえますが、貸出先は望んでいない、貸出先のためにはならない行為でもあります。

貸出業務に携わる者が、借入申出内容の検証を行わない、あるいは検証を行うにしても適当にすませたりするということは、その借入申出内容が正しいか正しくないかのチェックを怠っているということです。申出の内容はどうでもよくて、貸す機会が得られたことで、その機会は必ず数的目標につなげなければいけないという、何にでも食いつくダボハゼのような認識程度にすぎないとしたら、担当者として失格です。

また、銀行の都合・自分の目標を優先し、貸出金額や貸出期間、あるいは貸出の形態を、申出内容に対して理にあわないかたちで行うことも正しくない行為です。申出内容に対して理にあわない貸出を貸出先に依頼することは、成果だけに目が行き、債権保全というリスク管理意識を忘れ、「回収なくして利益なし」という貸出業務の基本も忘れているということです。要するに、真っ当な貸出業務について理解していない、言い換えるとアンバランスな見方しかできない担当者であるといわれても仕方ないのです。それは、基礎ができていない、基本を知らない担当者ということです。

銀行の貸出業務において、正しい判断と正しい行為がないがしろにされているとしたら、それは大きな問題です。正しいか正しくないかという価値尺度が忘れ去られている組織にコンプライアンス経営はありません。また、正しくないことを行うことを恥ずかしいと思っていないとしたら、銀行員としての良心・矜持はないといわざるをえません。正しいことに関して、組織において上も下もありません。

## 第3節　儲かるか儲からないか

銀行は私企業ですから利益をあげることは当然です。前節で書いたとおり、正しい申出内容に対して、正しい貸出を行うことが基本です。正しい申出内容に対して、正しい貸出を行うときにも、次にその貸出は儲かるか儲からないかという検討も重要になります。

この順番を間違えてはいけません。儲けるために貸出金額を多く貸し込むとか、今期に収益をあげるために私募債を起債させるという考えは間違っています。なぜならば、その考え方は功利主義をもとにした考え方に立ち、正しくない行為を正当化するための後付けの理屈にすぎません。

上記内容で気づいた人がいるかもしれません。「儲かるか儲からないか」という本節の意味は、「儲けるためには」ということとは異なります。

貸出業務で「儲かるか儲からないか」という意味は採算管理のことを指します。個社別採算が赤字になってでも行う貸出取引というのもありえます。この採算の基本は貸出金利の設定にあります。高い貸出金利のほうが儲かることは当たり前です。したがって、本節で「儲かるか儲からないか」という判断の尺度は、適正な貸出金利の適用についての考え方を意味し、それは主として貸出実行時に適用する金利水準の考え方の問題でもあります。

貸出業務によって利益をあげるため、銀行は必要かつ適正な貸出金利の適用を行わなければいけないとわかっていると思います。しかし、適用する貸出金利の水準が高いと他行に貸出を奪われてしまうという心配があることから、思いどおりの金利水準を適用できていないのが実状かと思います。一方で、貸出金を増加させるという目標の実現のためには金利競争で勝たなければいけない（＝低金利の適用）と思っています。そこで現在行われている実態は〝薄利多売〟の貸出競争です。

〝薄利多売〟の貸出競争はだれもが話す単純化された議論にすぎません。大事なことは、貸出先のリスクの把握であり、リスクに見合った金利を適用するという原則を忘れている点です。否、忘れていないが、手の打ちようがないというのが正直なところでしょうか。

現在行われている貸出業務の最大の問題点は、リスクマネジメントを行っていないということだと思います。貸出先のリスクに応じて、貸出金利に差をつけるという発想や必要性がいつの頃からか消えてなくなってしまったように思えます。

銀行は貸出金利によって適正な利益を稼ぐというチャンスを、銀行自らが逸しています。貸出金残高の増加競争を低金利で攻めることに意識が集中していますが、健全な銀行経営を行ううえでそれは正しいことでしょうか。金利の機能、金利の本来の役割は、貸出金残高増加競争の武器ではないはずです。金利はリスクに対する値付けであり、銀行が自律的に利益をあげる源泉であるという認識が希薄になっているように思います。

金利の問題は、銀行が残高をふやすため、貸出先に対して甘い対応を行ってきた結果であるともいえます。銀行は他行との残高競争に走り、リスクと金利はトレードオフであるという原則論を自ら放棄し、貸出先に対しての啓蒙を怠ってきたのです。

銀行は、第4章で書いた恥ずかしい方法で収益をあげることより、リスクに応じた金利の適用を考えるほうがよっぽど理にかなうと考えます。リスクマネジメントをしっかりと行い、合理的な金利適用を行うことに気づき実践する銀行が生き残りの分かれ目になるかもしれません。金利を残高競争の武器として使う銀行は、ますます収益で苦しむことになるでしょう。

## 第4節　数値目標に寄与するかしないか

貸出案件に接したとき、その貸出を採り上げて実行するか、実行しないかの判断の尺度を、数値目標に寄与するかしないかで考えることは論外です。このような判断尺度は真っ当な貸出業務には存在しません。〝数値目標に寄与するかしないか〟という尺度は理論的に存在しないはずです。なぜならば、貸出案件はすべて〝数値目標に寄与する〟材料であるからです。〝数値目標に寄与する〟という理由で貸出案件を採り上げることは、すべての案件を採り上げるということになります。〝数値目標に寄与しない〟という尺度をもっている場合、少なからずリスクマネジメントの意識が残っているといえますが、〝数値目標に寄与するかしないか〟という命題を掲げる人は、貸出業務をゲーム感覚でとらえ、目標達成競争としかみえていないのではないでしょうか。

また、成果主義の弊害というか、自分をよくみせたいと思う人は、数値目標を達成することが目的化し、それが最大の使命であると思い込み、恥ずかしい行為であることに臆することなく貸出業務を行うのです。具体的には、貸出案件が否認されると目標から遠のくので、否認されないように、マイナス情報は隠し、担保評価や決算の数字は水増しして表面上の見せかけはよくするという、クレジットポリシーを無視し、コンプライアンス経営上問題となるような行動をとる人がいます。

数値目標の達成にこだわる人は貸出先の実態把握や、申出内容の検証は十分に行わず、最初から貸出するという結論ありきからスタートしますので、そこに真っ当な判断の尺度というものはありません。

貸出業務の本質を忘れ、ゲーム感覚で目標達成を目的として行われる貸出業務には、貸出先の事業経営に資するという意識はなく、関心事は自らの成果と評価にあるということになります。「ボーナスは自分に、リスクは銀行に」という腹黒い考え方で貸出業務を行っている人は、同業務から退かせるべきと考えます。

# 第5節　政策判断

その貸出案件を採り上げて実行するか、実行しないのかという最終判断を下すときに、政策判断という言葉を使う人がいます。政策判断という言葉を使うことができる人は、貸出業務に関して専決（決裁）権限を与えられた管理職者に限られます。専決権限をもたず役職にもついていない担当者が政策判断するということはありえません。一介の担当者が、数値目標の達成を意識して、本来採り上げるべきでない貸出について、自ら政策判断と称してリスクある貸出を採り上げるようなことがあってはいけません。それは規定違反でありコンプライアンス経営に反します。担当者の段階では、資金使途の検証および貸出金額の妥当性等について、事実の報告と論理的な考え方に基づき自分の所見を出すことが使命です。貸出案件についての可否を最終的に判断するべきは専決権限を与えられた人に限られます。

政策判断という言葉のニュアンスは、担当者から上がってきた結論を覆すときに使われます。「採算的にはよくないが政策判断で行うことにした」「リスクがあることは承知しているが、政策判断としてリスクテイクして行うことにした」という場合の政策判断は、貸出案件の専決権限者自らが責任をもって決断することだと思います。

上記例は、「採算がよくないが～」「リスクがあるが～」ということに対して政策判断をもって「可」と判断しています。政策判断を行う場合、「正しくないことだけれど、政策判断で行うことにした」「法令に反することだが、政策判断で行うことにした」ということは許されません。コンプライアンス違反になるような行為を政策判断という言葉で正当化することはできませんし、行ってはいけません。特に、法令やモラルに照らし合わせた場合、グレーと思われる案件に関して、安易に政策判断で採り上げる姿勢は感心しません。グレーな案件は「白」であることが確認されない限り、政策判断として採り上げるべきではないと考えます。グレーな案件だが、貸出先は問題点について気づいていないからとか、訴えられる可能性は低いからという安易な見通し・安直な考え方で政策判断を行うべきではありません。

専決権限をもつ者は、専決権限を濫用するようなことを行ってはいけません。「清濁併せ呑むことは必要である」という言葉は、自分を正当化するものであると知るべきです。役員や支店長が政策判断を下す場合、意思決定に至る過程の透明性を確保することと、説明責任が伴うことは当然かと思います。担当者が導き出したもとの結論を政策判断で覆すとき、いくら上司であっても、理由もいわず、感覚的な決定であってはいけないと考えます。必ず案件にかかわるラインの人たちから意見を聞き、議論を重ねたうえで、政策判断を下す理由を明確に説明しなければいけません。そして、その議論については、内容・経緯・結論を記録にとどめておくことも必要です。

貸出案件について実行するか、実行しないのかという判断の尺度において、政策判断という言葉を持ち出す前に、常に心がけるべきことは「正しいか正しくないか」という尺度であることはいうまでもありません。

## 第6節　だれがいったのか

銀行という組織では、「発言内容」より「だれがいったのか」を重視する風潮があります。本来は、議題となっているテーマに関して出された意見の内容に焦点を当てて議論するべきところ、だれがいったかに関心が向くようです。そして、だれがいったかによって結論が決まるというように、だれがいった意見かによって議論の方向性や判断が変わったり、結論が左右されることがあります。

たとえば、担当者の意見に対して、課長が「そんな考え方はダメだ」といったとします。その時、担当者が「僕の意見に支店長も〝そのとおりだ〟といってくれましたが～」というと、課長は「そうか……」といって、担当者の意見を認めるということはありませんか。

この事例では、「だれがいった」＞「何をいった」ということになります。この場合、課長は支店長がいっているなら正しいと思ったのか、支店長がいっているなら仕方ないということなのか、どちらでしょう。どちらにしても、支店長がいったということで、課長は自分の意見を引っ込めました。こういう組織には権威主義がはびこっているということかもしれません。

そもそも、「支店長のいうことはすべて正しい」という命題は論理的には成り立ちません。この事例において、課長が「支店長がそういっているにしても、その考え方は間違っている」と主張し、「俺の話をよく聞け」という場合、「何をいった」＞「だれがいった」という関係になります。

「Aさんがいうのだから正しい」とか、「Bさんがいっているから信じられない」という判断は、論理や科学における論法として間違っています。「Aさんのいうことは間違いが少ない」「Aさんがいうなら信頼できる」というように、発言者がだれだから正しい（正しくない）、信じられる（信じられない）という推論は無意味とはいえませんが、これを判断尺度の根拠にすることは疑問なしといえません。

貸出の判断に際して、意見をいう人がだれかによって、誤った考え方が採り上げられるようなことがあってはいけません。ただし、貸出案件を実行するか、しないかという判断に絶対的正解はありません。そこで大事なことは、本部・支店における組織の階層を超えて自由闊達に意見が交わせる雰囲気があるかないかです。複数の人が自由に意見を述べる機会がなくてはいけません。組織の秩序として、下の者は上の者の考え方を知る必要があり、上の者も下の者の意見に耳を傾けることが大事です。そして、最終的には専決権限がある者が責任をもって決断するべきです。トップダウンの指示に疑問なく従うことは決してよいとはいえません。また、「場の空気」というものに左右されるような組織であってはいけません。

## 第7節　常識について

「貸出判断は常識に基づき判断される」「常識が基本だよ」といわれます。この場合の「常識」とはどういう意味でしょうか。『広辞苑〔第四版〕』（一九九一年、岩波書店）は「常識」の意味について次のように書いています。「普通、一般人が持ち、また持っているべき標準知力。専門知識でない一般的知識とともに理解力・判断力・思慮分別などを含む」。このことから、貸出の判断は普通の人がもっている標準的な知識をもって思慮分別されるものといえるかもしれません。

一方、第4章で書いた「恥ずかしい行為」、たとえば「早割り」「早貸し」も銀行内で収益を稼ぐための「常識」といわれているとしたら、「銀行の常識」は『広辞苑』で書かれている意味に合致しているといえるでしょうか。

そこで、本章の最後に第4章で書いた「恥ずかしい行為」について、それを「常識」ということに関して筆者の意見を記しておきたいと思います。

銀行において「早割り」「早貸し」が日常的に行われているとしたら、それは限られた組織内における習慣的な行為であるということを知るべきです。その常識は、その組織に属する者を拘束する性質をもっているといえます。しかし、その銀行が「早割り」「早貸し」を常識とすることは、他の銀行あるいは他の社会の常識と論理的関係において考慮されるものではありません。「早割り」「早貸し」を常識と思い込んでいた人は、他の社会の常識との違いに気づき、論理的な責めにより矛盾を感じたとき、自分たちの常識が世間の非常識であることに気づくはずです。しかし、それを常識として思い込んでいた人の多くは、その常識は間違っていると気づいても、その常識にしがみつこうとします。

一般的に、常識は社会的経験の集積といえます。常識は知識ではありません。行為でもありません。哲学者の三木清は「常識は行為的知識」といっています。いうなれば〝ある閉ざされた社会において習慣的に行われる知恵〟ということかもしれません。

〝ある閉ざされた社会〟において〝習慣的に行われる知恵〟とされた「早割り」「早貸し」の類は、収益を稼ぐための「信仰」となっているようです。〝ある閉ざされた社会〟では、その内容についての是非は疑われることなく肯定されたものといえます。常識といわれる内容について、その社会に属する多くの人は、常識の根本を問うことなく肯定しているのだと思います。みんなが肯定し合うことからは、改革・改善の発想は生まれてきません。それに疑問を呈したり、その拘束を拒むことが非常識であるとされ、その社会では悪としてみられることがあります。ですから、常識の内容に疑問をもち、倫理的におかしいと感じたにしても、正面から批判することは非常に大きな勇気が必要となります。

ここで、プロローグで書いた稲盛和夫氏の「常識に支配されない判断基準」を思い出してください。同氏は次のようにいっています。

「歩積みや両建てという慣行は、銀行の実質収入を上げるための方便にすぎないと批判され、廃止された。これを見て私は、「いくら常識だといっても、道理から見ておかしいと思ったことは、必ず最後にはおかしいと世間でも認められるようになる」と自信をもった。（中略）

問題は、本来限定的にしかあてはまらない「常識」を、まるでつねに成立するものと勘違いして鵜呑みにしてしまうことである。このような「常識」にとらわれず、本質を見極め正しい判断を積み重ねていくことが、絶えず変化する経営環境の中では必要なのである」

銀行という閉ざされた社会には、そこにおける常識があります。また日本の経済社会にはそこにおける常識があります。銀行に焦点を当てて、その組織を一つの社会とみれば、銀行は閉ざされた社会ですが、銀行自体は開かれた経済社会に属していることに気づかなければいけません。銀行員は閉じた社会に属すると同時に開かれた社会に属しています。

一つの社会の常識と他の社会の常識が異なり、それぞれの社会に常識があるとき、あらゆる社会に共通な常識というものが考えられます。それは、閉ざされた社会の常識と区別して「良識」と呼ばれます。

筆者は、銀行内だけで通用する常識については、開かれた社会に通用する良識であるかどうか、自ら考える必要があると思います。

「歩積み両建て預金」は、社会的に批判され、監督官庁の指導によって取り止めた経緯にありますが、「早割り」「早貸し」の類は社会から批判される前に、銀行自身の自浄力によって見直されることが重要であると考えます。そのような動きによって銀行に対する信頼度はより高まるかと思います。

**寄り道**　**養老孟司『バカの壁』（二〇〇三年、新潮新書）**

「自分が知りたくないことについて自主的に情報を遮断してしまっている。ここに壁が存在しています。これも一種の「バカの壁」です」（同書一四頁）

「では常識、コモンセンスとはどういうことでしょうか。一六世紀のフランスの思想家、モンテーニュが語っていた常識とは、簡単にいえば「誰が考えてもそうでしょ」ということです。それが絶対的な真実かどうかはともかくとして、「人間なら普通こうでしょ」ということは言えるはずだ、と。」（同書二二頁）

「バカにとっては、壁の内側だけが世界で、向こう側が見えない。向こう側が存在しているということすらわかっていなかったりする。」（同書一九四頁）

～目標達成だけしか視野に入っていない銀行員は、銀行の内側だけにある常識を世間の常識であると思っていたら大間違いです。「誰が考えても、そりゃおかしいでしょ」という世間の声に耳を傾けて、良識ある行動をとらないと信頼されません。

# 第9章 貸出業務とコンプライアンス経営

# 第1節　銀行のコンプライアンス経営

近年、コンプライアンスという言葉が社会全体を覆い尽くしています。銀行においても、法令等の遵守という意味で使われ、コンプライアンスという言葉が声高に叫ばれるようになりました。

コンプライアンス経営とは、コンプライアンスを基礎にした企業倫理の確立と実践を目指す経営のことを指します。その趣旨は、社会に対して責任ある経営姿勢を示し、顧客に対して誠実かつ公正な経営であることを示すことといえます。

銀行内の各組織は法令遵守宣言を上から下へ、本部から支店へ流し、法令遵守を徹底するように指示・命令を出しています。このことで、法令・規則を単純に守ればよいという考え方が蔓延し、その考え方が法令に違反していなければ何をしてもかまわないという考え方にすり替わっているとしたら問題です。

法令がつくられる背景には必ずなんらかの社会的な要請やニーズがあるはずです。その要請を実現し、ニーズに応えるために法令が定められます。しかし、法令は社会的な要請やニーズのすべてをカバー・反映してはいません。

法令遵守という指示・命令を忠実に守ることが自己目的化すると、法令に反していないが、社会的要請には反しているという場面も生じます。大事なことは、法令遵守だけが唯一の価値基準、判断基準になってしまうと、法令の背後にある社会的要請がみえなくなってしまいます。

銀行において、コンプライアンスという言葉がもつ意味は法令等の遵守だけではありません。二〇〇三年一〇月にバーゼル銀行監督委員会が「銀行のコンプライアンス機能」という市中協議文書を出していますが、そのなかには銀行のコンプライアンス・リスクについて次のように書かれています。

「コンプライアンス・リスクとは、適用されるすべての法律、規制、行動規範、適切な実務基準を遵守しなかった結果として銀行が被るかもしれない法律上または規制上の処罰、金銭的損失あるいは評判上の損失として定義できる。コンプライアンス・リスクは時として誠実性リスクと呼ばれることもある。なぜなら、銀行の評判は、誠実性及び公正取引に関する諸原則の遵守と密接に関連しているからである」

この文書によれば、銀行におけるコンプライアンスは行動規範、実務基準も含まれ、誠実性についても言及しています。銀行員は法令だけを漫然と遵守していればよいというわけではなく、世間全体に通用する常識や良識という価値尺度をもって業務を行わなければいけないということです。

ここであらためて第4章で書いた「恥ずかしい行為」について考えてみましょう。どの行為も法律には違反していない（注）にしても、行動規範や良識に照らし合わせれば、これらの行為をコンプライアンス経営において正当化することに疑問を感じます。

（注）「貸込み」と「期末協力依頼」については、貸出先への頼み方が不公正な取引に抵触するものである場合は「優越的地位の濫用」として独占禁止法違反になります。第4章第4節の（注）を参照。

「ウソの稟議書」「早割り・早貸し」「貸込み・期末協力依頼」等の行為がたとえ社会的に問題にならなくても、このようなことを行ってまで利益を稼ぐ銀行に「品格」を感じることはできません。また、コンプライアンス経営に抵触するような行為を行っている人に「品位」は感じません。

そもそも、支店長や本部役員は、コンプライアンス経営が重要であるといいながら、支店で「ウソの稟議書」「早割り・早貸し」「貸込み・期末協力依頼」等の行為が行われている実態があることを黙認していてよいのでしょうか。銀行は経済的合理性をもって収益を追求することが目的であり、そのためには道徳的立場は無視してもかまわないということでしょうか。与信監査、コンプライアンス統括等を行う本部部署もその実態を知りながら何の指摘も行わないということは、コンプライアンス経営は建前であるということを証明していることにならないでしょうか。

後藤啓二氏（元警察官僚・現弁護士）は次のようにいっています。「企業ムラ社会の常識であっても、一般社会で正々堂々と言えることでなければ、不祥事として糾弾され、経営に重大なダメージを受ける。そういう時代になってきた。企業はコンプライアンス経営を確立することが早急に迫られているのである」（『企業コンプライアンス』二〇〇六年一二三～一二四頁、文春新書）。

## 寄り道　官民の役割分担

西村高等法務研究所『金融危機の教訓』（二〇〇九年、商事法務）において、元金融庁長官の五味廣文氏は「官民の役割分担」について次のように語っています。

「行政が定める、特に法令で定めるルールというのは基本的には最後の一線というところであろうと思うし、～（略）～そうしたルールというのはできるだけ少ない方がよいということであろうと思います。（略）

自由度の高さが必要だからといって放任にしておくわけにはいかなので、法律が最小限のことしか決めていない中で自由度の高さを確保できるためには何をしたらよいかというと、それはやって良いことと悪いことが法律に書いていなくても、取引を行う当事者が社会通念上の判断でケースに応じて判定できると。～（略）～

自己規律で金融に携わる者の倫理規範からして行うべきことを確実に行う。あるいは行ってはならないことは法律違反でなくても行わない。法律の義務付けの有無や禁止の有無と関係なくそうした判断ができるという、こういう状態を確保していくと市場の自由というのが確保できる。～自由には規律が伴うのですよ」
〜元金融庁長官がいう上記の話は、〝だれもがそのとおり〟と思う内容です。傍線は筆者が引いたものですが、これは〝当たり前〟のことです。当たり前であることが、当たり前にできない……、それはなぜでしょうか。

## 第2節　収益よりコンプライアンス優先の貸出

貸出業務が銀行の収益の柱となるところから、第4章でみたように、収益目標を達成するため恥ずかしい行為を行う銀行があります。筆者が知らないような新たな手練手管がどこかで行われているかもしれません。バブル時代に、長期貸出を実行する際、支払利息を計算して、その利息相当額を貸出金に上乗せして実行し、それを通知預金に存置させ、利息は通知預金からの振替で支払わせていた銀行があるという噂を聞いたことがあります。

貸出業務において、法律に違反していなければいいとして、グレーな行為を容認するようなことがあってはいけません。そのようなことに対して、経営や管理監督者が何もいわないと、現場や担当者は「うまくやれということだな」と思い込み、数的実績で手柄を示そうとします。

貸出業務におけるコンプライアンスにおいては、経営者や現場のトップである支店長の役割がきわめて重要になります。グレーな行為で収益を稼ぐ手練手管については、「短期的な利益の獲得より、コンプライアンス経営の遂行・実践が大事であり、その遵守を求める」ことを明確に宣言する必要があります。そのメッセージを発信するに際しては、言葉による宣言だけではなく、人事評価・業績評価の尺度にも、その考え方が反映されていることもあわせて発信することが大事です。

経営が現場に対して、「コンプライアンスが大事」という一方、数値目標を掲げ「収益も大事」というとき、現場や部下は経営のメッセージをどのように受け止めるでしょうか。コンプライアンス経営を実践した結果、収益目標が未達でもかまわない、評価が下がることはない……と思っている人はいないでしょう。「コンプライアンスが大事、収益も大事」といいながら、収益・業績に連動する評価体系・報酬体系があり、実際には、グレーなことを行って稼いでいる人、明らかに無謀であるような貸出を行っても数字が伸びている人が評価され、ボーナスや昇進が早い現実を目の当たりにすれば、多くの人はコンプライアンス経営より目先の利益を優先させなければいけないと思うのが普通ではないでしょうか。

「収益が第一」と檄を飛ばすと、新たにグレーな手練手管を考え出す者が現れ、それをマネする人が現れ、実際にその方法によって利益がふえると、経営も管理監督者もグレーな手法であると知りながらも、それを問題視することなく黙認する傾向があるようです。そのときの上司は、

「うまくやれよ」という顔をして、部下は「うまくやれということだな」と察知して、グレーな方法でありながら銀行のなかでは常識化していくのです。

収益をあげるために、コンプライアンス違反を犯すインセンティブに囲まれている行員が、その誘惑に負けないようにするのに本人の道徳観・倫理観だけに頼ることには無理があると思います。

「コンプライアンス経営を最優先する。グレーな方法は認めない。そのために収益が減少してもかまわない。収益より、信頼と信用を得るべく努力せよ。これは命令だ」というように、役員・支店長が強いメッセージを出し、その強い意思を行内に浸透させることが重要であると考えます。

それにとどまらず、コンプライアンス経営の考え方を優先させ、グレーな収益をあえてとらなかった貸出の事例を取り上げ、その考え方と担当者を褒め、質的評価でプラス加点したことを、好事例として全行に紹介するべきです。あるいは、相変わらずグレーな手法で収益を稼いだり、リスクを隠して行った無謀な貸出を悪事例として全行に紹介するべきです。そのくらいのことを経営が行わなければ、グレーな手練手管や無謀な貸出はなくなりませんし、コンプライアンスの定着に経営が本気であることを知らしめることはできません。

## 第3節　行内規程の遵守も大事

全国地方銀行協会地方銀行研修所が発行している『管理者のためのコンプライアンス』の第7章は「融資（貸出）業務におけるコンプライアンス」という表題で次の項目について記述されています。

1. 融資における説明責任
2. 銀行の貸し手としての責任
3. 金利規制
4. 中小企業金融円滑化

上記項目は主として貸出業務に関連する法令を中心に構成されていますが、前節で述べたとおり、貸出業務を遂行する際、各行が定める「貸出行動規範（クレジットポリシー）」や「貸出事務標準手続（マニュアル）」を遵守することも重要です。しかし、各行とも「貸出事務標準手続（マニュアル）」については遵守していると思いますが、「貸出行動規範（クレジットポリシー）」については必ずしも遵守されていないように思います。

「貸出事務標準手続（マニュアル）」の遵守状況については各行とも検査部門が必ずチェックし

ます。標準手続は法律的背景をもとに定めた事務手順であり、債権管理上も重要な意味をもったため、これは絶対に遵守しなければいけないものです。

一方、「貸出行動規範（クレジットポリシー）」が必ずしも遵守されていないのは、規範自体は法律的背景があるわけではなく、「お手本」「模範」という程度にしか認識されず、遵守していなくても特段大きな問題にはなりません。標準手続が「このとおりに行わなければいけない」のに対し、行動規範は「このとおりに行わなければいけない」という強制力を求めていないことに原因があるようです。

しかし、筆者は「貸出行動規範（クレジットポリシー）」もコンプライアンス経営上、遵守しなければいけないという考え方に立ちます。特に、若手で経験が浅い人は、これを遵守することで貸出業務の基本を学ぶことができると考えています。

具体的にみてみましょう。たとえば、貸出行動規範のなかで「与信判断のプロセス」として次のように書かれているとします。

与信供与の可否は以下のプロセスに沿って検討し、総合的判断を行う。

(1)　与信供与先としての妥当性の検討

(2)　企業環境の分析

(3)　取引先内容の検討

(4)　資金使途と必要理由の検討
(5)　債務償還能力の検討
(6)　債権保全の検討
(7)　貸出金利・取引メリットの検討
(8)　他行動向の検討
(9)　貸出形態の選定

与信判断のプロセスとして、すべての銀行が上記と同じ行動規範を定めているとは思いませんが、少なくとも(4)～(6)のプロセスはすべての銀行が同じように行動規範として書くところかと思います。

なかでも、筆者が最も重要なプロセスと考える「資金使途と必要理由の検討」について取り出してみるとき、あなたはそのプロセスにどの程度の意識をもって取り組んでいますか。資金使途が発生する理由について、自ら納得するまで背景・事情を吟味して調べていますか。そして借入申出金額の妥当性もチェックしていますか。

筆者は貸出業務の研修講師として地銀等に伺い、実際の貸出案件に触れることがありますが、実感として担当者が資金使途の検証を十分に行っているとは思えません。資金使途の検証を行うためには業界の動向や業績をチェックする必要がありますが、そのような検証を行っていないというえ、貸出先が話す内容を頭から信じているような気がしています。貸出案件については、申出の内容について、健全な懐疑心をもって自ら調べ、自分の頭で考えることが大事です。それが担当者の役目であり、付加価値をつける仕事です。

「貸出行動規範（クレジットポリシー）」は、このほかにもいろいろなことが定められていますが……、たとえば、

・「誠実な対応に努めなければいけない」～誠実な対応をしていますか。
・「実態把握に努める」～動態的な実態把握に努めていますか。
・「当座貸越を認める対象は格付○以上の正常先」～要注意先であるのに当座貸越を許容していませんか。

このように、自分の行動を「貸出行動規範（クレジットポリシー）」に照らし合わせて読み直してみてください。

## 第4節　経営の健全性の確保

コンプライアンス経営を行うことは、銀行経営においてサウンドバンキングを志向することにほかならないことですが、最近（といっても一〇年以上）、サウンドバンキングという言葉を耳に

したことがありません。サウンドバンキングとは、健全銀行主義という意味で健全な銀行経営、堅実な銀行経営の原則を指す言葉です。この本を読んで、サウンドバンキングという言葉を初めて知る人も多くいると思います。

そこで、一九九四年六月二一日に金融制度調査会基本問題検討会が発表した「金融自由化と金融機関の経営の健全性確保について」(注)のなかから、サウンドバンキングに関連した貸出業務の運営に係る記述で筆者が必要と思う箇所を抜粋してみます。

(注)「金融財政事情」(一九九四年七月四日号)に全文が掲載されています。

第1 基本的考え方

1 金融自由化と金融機関経営

(2) 金融自由化の進展により金融機関の経営選択の幅は広がり、収益機会は拡大される。他方、……リスクは複雑化、多様化している。また、競争の活発化に伴い、金融機関が収益機会を実現するためには、適正にリスクを負担していくことが必要となる。そのような中で、個別の金融機関の経営の健全性が損なわれる可能性は以前より大きくなると考えられ……。

2 金融機関の経営の健全性とリスク管理

金融機関の業務の基本は預金者等に代わってリスクを引受け、それを適切に管理することである。そのため、リスク管理に失敗すれば直接的に自らの経営の健全性が阻害されてしまう。……

3 「バブル経済期」の金融機関行動

(1) ……金融機関は安易な業容拡大、収益追求を行った。適切なリスク管理という視点がおろそかになり、収益性、効率性のみが重視された結果、金融機関は審査部門の組織上の位置付けの変更、ノンバンク向け貸出の増加等の行動をとった。このことが適正なリスク評価、リスク分散を図ることを困難とし、リスク管理の失敗を招いた。

(2) ……金融機関は常に金融業務の原点に立ち帰りつつ、一層の金融自由化の進展に対応していく必要がある。

第2 金融機関のリスク管理の今後の方向

1 リスク管理体制

(1) 経営幹部の役割

金融機関が自らの責任において適切なリスク管理体制を整備するに当たっては、経営幹部の役割が従来にも増して重要となる。

(2) 具体的方策

……経営幹部に正確な情報が伝達・報告される工夫を行う等の努力が行われるべきと

考えられる。また、個別のリスク管理の最終的な責任の所在を明確にしておくことも肝要である。

## 第3 金融機関の経営の健全性確保における市場の機能

### 1 市場機能の重要性の高まり

#### (1) 基本的機能

……市場はこうした金融機関のリスク管理能力を絶えず評価し、様々な形のシグナルを発することにより、経営の健全性確保を促す機能を有している。すなわち、……健全性に問題があると評価された金融機関は調達コストの上昇と資金の量的制約を余儀なくされることとなる。市場はリスク管理が適切でない金融機関は適正な収益が確保できず最終的には市場から排除されることもありうるという極めて冷厳なシグナルを発する……。

#### (2) 金融市場を取り巻く市場

貸出市場においては、借り手企業により、金融機関の総合的な情報サービス機能が貸出金利等に見合ったものであるかどうかの評価、選別がなされるため、金融機関は各種コストを下げつつ情報サービスを向上させていくことが必要となる。

銀行の貸出業務が危機にさらされている実態をみるとき、いまこそ「サウンドバンキング」を志向するべきではないでしょうか。銀行が行う貸出業務は、収益至上主義や成果主義の考え方を改め、健全経営の実践によって経済社会から信頼と信用を取り戻すことのほうが重要であると考えます。

## 第5節　銀行法について

コンプライアンスを法令等の遵守と訳しているならば、銀行業の本となる「銀行法」を読み、銀行法の趣旨を正しく理解することが大事です。はたして銀行法の趣旨を正しく理解している人はどれほどいるでしょうか。コンプライアンス経営をうたっているにもかかわらず、コンプライアンス研修で「銀行法」について説明・解説している銀行はほとんどないのではないでしょうか。銀行業に携わる者として、根本となる業法の目的を理解しないで銀行業務を行うことは、まさに無免許運転のそしりを免れません。

銀行法の全文を読む必要はありません。ここでは第一条の「目的」の条文だけに絞って読んでみましょう。

銀行法第一条（目的）の条文は次のとおりです。

「この法律は、銀行の業務の公共性にかんがみ、信用を維持し、預金者等の保護を確保するとともに金融の円滑を図るため、銀行の業務の健全かつ適切な運営を期し、もって国民経済の健全な発展に資することを目的とする」（傍線は筆者：後述）

そこで、第一条に出てくる主要な言葉の意味を正しく理解するために、銀行法のコンメンタールとされる『詳解銀行法』（小山嘉昭著、二〇〇四年、金融財政事情研究会）の解説を引用（〇印）し、貸出業務とのかかわりについて筆者の意見を書き添えてみます。

## (1) 「公共性」（同書四九頁）

○銀行業務が複数の、かつ膨大な信用組織で結ばれているため、そのどこかで破綻が起きると連鎖反応により影響が広範に及ぶという点で、その制度ならびに業務運営の適否は、一国の信用秩序の維持ひいては一国の経済運営に重大な影響がある。

○銀行の主たる債権者が預金者、つまり一般公衆である点である。銀行は一般企業の債権者とは本質的に異なる債権者群を有していることになる。預金者の利益を法的に保護していくことは、突き詰めていえば国民の預金という形態での個々の財産ないし資産形成に関し、当該財産の預り主である銀行のまったくの自由意思に委ねることはせず、法律のもとで、政府が最小限度必要な監視・介入を行っていくという意味である。

○銀行の資金供給面における機能が一国の経済活動全体にとって大きな意義を有している。銀行は国民が汗して蓄積した資産である預金の集積を、国民経済発展に資するように融資していくという機能を有している。銀行の資金供給面の仕方いかんによって経済社会は大きな影響を受ける。そこに公共性の要素があることは否定できないところである。

〜筆者は、貸出業務に携わる人が意識すべき公共性は二つあると考えます。一つは、預金者の預金を保護するために、債権保全を意識した貸出を行うということです。債権保全意識なくして不良債権をつくり、銀行が破綻することになれば、わが国の信用秩序に重大な影響を与えることになります。もう一つは、反社会的勢力へ流れる貸出は行わないということです。また、公序良俗に反し投機や奢侈を目的とする貸出も慎むべきと考えます。

## (2)「信用の維持」(同書五一頁)

○信用の根本は、「預けた金、貸し付けた金は必ず返済される。また、返済されなければならない」という確信ないし信頼そのものにほかならない。これが信用という言葉の源である。

○銀行法の法理は法の運用・解釈等にあたり、常に「信用」ないし「信頼」の原点に立ち返ることを求めている。

○一般の人々の間で、金融機関に対し「信頼するに足る」ないし「信頼できる」という感覚が常に培われている状態でなければならない。信頼が揺らぎ始めると、それは波及し信用不安を生ずる。極まれば金融恐慌にまで行き着く。

～筆者が考える「信用」は二つあります。一つは、担当者個人の問題として、貸出先からの問合せや相談に対して正確な専門知識をもって信頼に応え、かつ貸出の申出・依頼に誠実な対応と行動で応えることです。もう一つは、銀行として貸倒れを出さないことです。貸倒損失をゼロに抑えることは困難ですが、債権保全意識をもって不良債権を出さない審査能力が信用の原点になると思います。銀行・担当者が貸出先から信用を失うということは、収益を失うこと以上に深刻な問題であると知るべきです。一度失われた信用を取り戻すことは容易ではありません。

### (3) 「預金者等の保護」（同書五三頁）

○預金を貸付により運用したところ、貸付先が倒産し銀行が貸付元本を回収できないこととなれば、預金の満期日になっても預金者に元利金を返済するための原資がその限りで存在しないという事態になる。

○預金者は銀行の債権者であるが、一般の債権者と異なって不特定多数であり、かつ相互に横の連絡も結合もない。一般公衆が安心して資金を預けられる制度なり環境なりを整備することが肝要である。

〜貸出業務は、預金者が預けてくれた預金を原資にして行っているという事実を強く認識しなければいけません。貸出先が倒産し、貸出金の回収が図れず損失を招くということは、理屈上、預金者に預金を返戻することができなくなったということです。当行の預金勘定は一兆円あるから、数百万円・数千万円程度の損失は問題ないと思うことは危険であり、そのような考え方は間違っています。たしかに数百万円・数千万円程度の損失だけなら経営的に問題は生じないと思います。しかし、問題は貸倒金額だけではなく、倒産先の件数を含めて預金者がその銀行の審査能力のレベルや貸出運営の姿勢を信用しなくなることです。その結果、預金の引出しを図る人が多くなり、そのことが他の人たちに伝播すると、信用不安が増幅し、預金者の多くが一斉に預金の引出しに動くという行動を起こします。いわゆる取付けです。これが引き金となり、銀行の破綻につながります。預金者が安心して財産である資金を預けてくれる銀行としての貸出運営を行わなければいけません。

### (4) 「業務の健全性」(同書五五頁)

○銀行経営の健全性とは、預金者への責務が十分果たせるように銀行経営者が将来の諸々の事態、特に楽観を許さないような事態を想定し、事前に資産上の備えをするなど、万全の態勢を敷くことを要請する理念である。

○金融自由化等に伴い、金融機関間において競争の度合いが増すほどに各銀行は経営基盤を強化し、経営の健全性を確保することが不可欠な視点となる。

～銀行が競争すること、収益をあげることは、国民経済の発展と向上に資することにつながります。しかし、競争して収益をあげるための行動がコンプライアンスに反し、誠実性を欠くようなことであっては、銀行に対する信頼度は低下します。第4章で書いた行為は「業務の健全性」という視点でみた場合、どのようにみえるでしょうか。

### (5) 「適切な運営」(同書五六頁)

○銀行は株式会社組織であり、私企業として経営されている。銀行経営者として利潤をあげることは株主等から銀行経営者に対してなされる至上命令である。

○自由経済は各人の自由な経済活動を前提にしている。銀行も例外ではない。創意工夫を発揮し、自由に競争を行い競争の成果を自らのものとする。その結果、損失が生じてもそれはすべて当該銀行の経営者の自己責任である。

○銀行が私企業である以上、銀行の行動原理が私企業性に基づくこともまた当然の理といわなければならない。

～銀行の運営は、公共性と私企業性という相矛盾するような要請を抱えています。貸出業務を行う場合も、公共性と私企業性の二つをいかに調整し止揚していくかが問われています。心すべきは、儲かるならば法令に反しない限り何を行ってもよいという私企業の論理だけで走ることは許されないということです。

この銀行法第一条に明記されていることは、銀行経営においてサウンドバンキングの原則を指針にするべきということを規定したものと考えます。このように銀行経営の目的は、健全性を維持しながら私企業としての存続を図ることにあります。そのとき、利益と健全性という二つの目的の存在は必ずしも対立するわけではないと認識することが銀行のコーポレートガバナンスにおいて重要であると思います。

貸出業務を行う人は、「公共性」「信用の維持」「預金者等の保護」「業務の健全性」「適切な運営」という言葉の意味をしっかりと認識しなければいけません。貸出金の原資が預金であることを意識しないで貸出業務を行っている人がいます。不良債権になりそうなリスクがあることを承知で行う貸出は健全性に反します。

## 第6節　誠実さを貫く

貸出業務におけるコンプライアンス経営を論じるとき、「法令違反はしていない」という人がいます。聴き方によっては、「法令等の抜け穴や隙間を見つけた」といいたげで、そのことを自慢しているようにみえます。筆者は、そのようなことを考えたりする時間があるならば、最初から真っ当な貸出業務を行えばいいのにと思ってしまいます。

バブル崩壊以降、銀行は経済社会において自らの信用を低下させたと思います。しかし、いまでも「銀行は善なるもの」と考えている人もいると思います。信頼される側の銀行が、信用してくれる貸出先を裏切るような行為を行っては絶対にいけません。

「ウソの稟議書」「早割り・早貸し」「貸込み・期末協力依頼」等の行為は法令に違反しないにしても、コンプライアンス経営上、モラルに反します。銀行は、収益という誘惑にかられて、自分に都合がよい理屈を練り上げて、「この程度のことなら許してくれるだろう」とか、「これくらいのことなら大きな問題にならないだろう」と勝手な論理で自らを正当化しています。「目標を達成しないで、きれいごとなどいっていられるか」というかもしれません。

しかし、このような行為は、銀行として手をつけてはいけないところに手をつけてしまったといえます。銀行が手をつけてはいけないところというのは、自らの信用、あるいは品格にかかわるところということです。

コンプライアンスを重視するという方針を行内外に掲げている銀行は、建前論ですませることなく、その言葉・スローガンが組織として、また行員の具体的行動につながるような仕組みを構築しなければいけないと考えます。

法令用語で「善管注意義務」という言葉がありますが、それを実践するキーワードは「誠実さ」ではないでしょうか。筆者は、すべての行員個人が、誠実な行動をとる銀行は、「公共心のある銀行」「人格がある銀行」と経済社会から信頼され尊敬されるようになると考えます。

信用・信頼を背景にして貸出業務を行う銀行は、法令遵守は当たり前であり、より大事なことは誠実な姿勢であると考えます。法令遵守の徹底だけでは、銀行に対する信用・信頼は回復しません。誠実な取引を積み上げて信用を勝ち取っていけば、その信用が銀行のブランド力となり、最終的には収益に結びつくと考えます。

誠実さを貫く姿勢が貸出業務において重要であるという筆者の考え方に対して、即座に異論・反論が飛んできそうです。「誠実に仕事を行うことが大事であることはわかるが、それで数字は伸びるのか」「誠実な仕事だけで収益はあがるのか」「現場はそんな甘いところじゃない」というような声です。

この命題に関して筆者は次のように答えます。「短期的な目先の収益を得るためにコンプライアンス違反の行為を行うことは、貸出先から信頼を失い、部下後輩に対して正しい考え方を指導できない。その結果、そのような銀行は長期的に沈んでいく運命にあるでしょう……」と。

**寄り道**　**「誠実さ」を貫く経営**

髙巖著『「誠実さ」を貫く経営』（二〇〇六年、日本経済新聞社）

「私の個人的な経験で一般論を述べれば、「ルールの抜け穴や隙を、法の網をくぐり抜けることで利益をあげる」という経営手法は、知らず知らずのうちに「利益をあげるためにはルール破りもよし」との発想に進んでいく。理屈は簡単だ。トップがどこかでルール破りを期待していると部下が感じ始め、部下が忠実にルール破りをやり始めるからだ。しかも会社が大きくなれば、そのように考える部下が次々と増えていき、ついには、皆の感覚が麻痺し、「ルール破りができなくて、仕事が務まるか」という論理にまで行き着く」（同書一四頁）

「日本企業を巡る不正は「社員が会社のために行うものが多い」と指摘される。しかも、日本の場合、「組織が明示的・計画的に行うのではなく、社員が暗黙の合意に基づき、これを行う」と言われる。組織から明確な指示が出ていないため、不正が発覚した時、会社側は「組織ぐるみでない」と主張し、不正に係わった本人だけに責任を負わせ、解雇などの措置をとる」（同書一六頁）

～経営者に求められていることは、「たとえ法を犯していなくても、当行では「早割り」「早貸し」「貸込み」「期末協力依頼」はやらない、やってはいけない」と明確に宣言することが大事であると思います。

# 第3部

# 真っ当な貸出業務を行う

## ―意識改革と行動改革―

# 第10章

# 貸出担当者が歩む王道

# 第1節　貸出担当者の矜持《きょうじ》

貸出業務に携わる銀行員がもつべき矜持とは何でしょうか。そもそも「矜持」という漢字が読めない銀行員に、「矜持」の意味を尋ねても答えは返ってきません。矜持とは、「自分の能力を信じていだく誇り。自負」（『広辞苑〔第四版〕』一九九一年、岩波書店）と書かれています。

あなたは、当行を就職第一希望で選びましたか。第一希望でないにしても、あなたは銀行員という職業を通じて、社会でどのような役に立つ仕事をしたいと思っているのでしょうか。第2章第2節のレンガ職人の話を思い出してください。また、第3章第2節の他律的生き方を読んで、あなたはどのように感じましたか。

他律的な生き方の延長線上にいて、仕事に対する使命感や仕事から得られる達成感や喜びを知ることなく、いわれたことは行うが、いわれないことは行わない、目標を達成することが自分の評価を高める仕組みのなかで、ゲーム感覚で数字競争をしているだけの銀行員になっていませんか。そのような生き方では、真の意味で経済社会や顧客から信頼や信用を得、人間として尊敬を集めることはできないと知るべきです。だからといって、筆者が主張する「真っ当な貸出業務」を忠実に遂行することで、使命感やヒロイズムに酔っていてもいけないと思います。

いまから約四〇年前、筆者が初めて貸出業務の担当に就いたとき、上司から「貸出業務は第二のソニーやホンダを育てる重要な仕事」といわれました。しかし、時代は明らかに状況が変わっています。直近十数年間の日本経済を顧みるとき、法人部門は資金余剰状態であり、デフレ経済下で中小企業の資金需要が乏しく、現在の貸出業務において「第二のソニーやホンダを育てる重要な仕事」という甘美な言葉は通用しません。

高度成長時代に企業を育てたことを自負する銀行が、いまや企業をみる目をなくしています。貸出業務における審査の目は劣化し、担当者のレベルは低下し、貸出先の企業の「資質」と「将来性」を鋭く見抜く前に、何の事業を行っているかも知らない担当者も多くいます。

冷静に自分の貸出判断力をみたとき、企業の成長性を見抜く力があると思いますか。企業の成長や、成功物語にはいろいろな偶然や幸運があったことも事実です。ソニーの盛田昭夫氏やホンダの藤澤武夫氏のような人から、「ここで融資を受けられなければわが社は破滅する」と訴えられて「わかりました、私の責任で貸しましょう」と周囲の反対を押し切って貸出をした銀行家がいた一方で、バブル経済のとき、不動産業者から同じような懇請を受けて「バンカー」気取りで追い貸しをして銀行の不良債権の傷口を致命的に広げてしまった先輩もいました。

事業とは不確実なものであり、特にいまの時代は一人の貸出担当者や支店長が企業の成長の成否を簡単に見抜けるものではありません。初期のソニーやホンダに貸した銀行家もバブルの最終局面で不動産業者に追い貸しした銀行屋も、本当のところは能力に大きな差はない……とはいいませんが、前者が後者に転落する可能性は常にあったかもしれません。貸出担当者はいつの時代においても、何よりも「クールヘッド」を維持しなければならないと思います。

この「冷静さ」に関連して、貸出担当者として自らが維持しなければならないもう一つの矜持に、「地味に、堅実に、裏方に徹すること」があると考えます。銀行は、事業経営者を、金融や情報といった手段で裏から支える存在であると考えます。銀行業はそれ自体で付加価値を生む産業ではありません。商品・製品をつくり、販売することで、経済社会に付加価値を生むのは事業経営者です。根源的な付加価値を生まない銀行業の利益率は決して高くありません。銀行は、信用という無形の財産によって、預金という名の他人からの「借入」を大量にしないと成り立たない産業なのです。その経営は、「地味に、堅実に」運営することが基本であり、そのことを理解して、冷静さと堅実さをもち、正しい考え方で「真っ当な貸出」を行い、堂々と銀行業の王道を歩むことが大事であると考えます。

**寄り道** ガルブレイス『バブルの物語』（一九九一年、ダイヤモンド社）

「金を貸す立場にある人は、昔からの習慣・伝統の力により、また特に借り手の必要・要求のために、日常業務について敬意をもって接せられる度合が殊のほか大きい。そのために彼らは、自分個人の頭脳がすぐれているという自信に陥ってしまう。つまり、このように扱われるのだから自分は賢明であるに違いない、と思い込んでしまう。したがって、最低の良識を持ち続ける上で何よりも大切な自己反省ということを怠りがちになる」（同書三五頁）

## 第2節 「ゆでガエル」シンドローム

桑田耕太郎・田尾雅夫共著『組織論〈補訂版〉』（二〇一〇年、有斐閣アルマ）に、〝「ゆでガエル」シンドローム〟という記述があります。

「業績悪化時期にみられるもうひとつの重要な命題は、希求水準自体の適応、いわゆる「ゆでガエル」現象である。（中略）

「カエルは熱湯の入った桶に入れられると、死にたくないから桶から飛び出してしまう。しかし、水の入った桶に入れられ、それをストーブにかけてゆっくりと暖めてやる。そうするとカエルはいつの間にか、ゆでられて死んでしまう」

このように、業績低下がゆるやかに起こると、希求水準自体がそれに適応してしまい、革新へのきっかけがつかめなくなる。（後略）」（同書三二一三頁）

「馬鹿なカエルだねぇ。死ぬ前にお湯から飛び出せばいいのに！」と笑っている人は、筆者がなぜこの話を持ち出したのか考えてみてください。ひょっとすると、あなたがすでに「ゆでガエル」になっているかもしれません。

現在、貸出業務に携わっている人は、自分たちが行っている貸出業務は真っ当である、貸出先との信頼関係も良好であると、自信をもっていえるでしょうか。

第三者（筆者）からみた貸出業務が危機的状況であるにもかかわらず、銀行としても、担当者としても、真っ当でない考え方・手法に慣れきってしまい、それを〝真っ当である〟と思い込んでいる感覚は、ゆでガエル状態になって麻痺した状態であろうと思います。現在行っている貸出業務は危機的状況であるということに気づかず、自分たちがゆでガエルになっていることを把握できていないようです。突然の状況変化であれば、だれもが気づくでしょうが、徐々に深刻化しているために気づかないでいるのかもしれません。

上記『組織論』の著における、〝業績低下がゆるやかに起こると、希求水準自体がそれに適応してしまい、革新へのきっかけがつかめなくなる〟という意味を、貸出業務で考えてみましょう。貸出業務の収益性、残高増加、また貸出先との絆、不良債権の問題、あるいは貸出担当者の育成状況等々を考えるとき、必ずしも満足する成果、運営、経営ができていないにもかかわらず、貸出業務に対する考え方、行動等が現状のままでよいと思っている＝現状を改革する必要性を感じていないどころか、問題点さえ思いつかないという状態に陥っているということです。

当行の貸出業務の何が問題なのか、どれほど深刻な状況なのか、このままだとどうなってしまうのか、改革が必要なのか……、という問題意識をもっていない人は、ぬるま湯に浸ってゆでガエル状態になっているといえます。

ゆであがって死ぬ前に、早く桶から出て、頭を冷やしなさい。クールヘッドでいま一度、ウォームハートをもつ貸出担当者として為すべきことは何かを考えることが肝要です。数値目標を意識する前に、貸出業務に関する本質を考え直し、使命感と情熱をもつことから始めなければいけません。

## 第3節　日本経済の成長発展とバンカーの役割

一八七三（明治六）年に第一国立銀行が設立されたことをもって日本における銀行の歴史が始まりました。それから約一四〇年がたちます。銀行は、戦前においては日本の資本主義をつくる過程において、また戦後は高度経済成長を支える脇役としての役割を果たしてきました。日本経済においてバンカーが貸出業務を通して果たした役割には大きいものがあったといえます。少なくともバブル経済以前までは……。

日本経済が成長し発展する過程において、バンカーが果たした役割について、青野豊作著『十六人の銀行家』(一九八二年、徳間書店)では次のように記されています。

「経済大国日本の強さの秘密の一つは、まさに日本のバンカーの存在そのものにあるのである。(略)

日本の銀行、バンカーは欧米のバンカーにくらべて幅広い分野で、しかもいくつもの役割を同時に果たして経済発展の原動力になっている。

まず資金の仲介者、供給者であると同時に、日本資本主義の主たる形成者であり、株式会社の栽培者であった。また事業・企業のいわば入学試験官であり、同時に支援者、応援者であった。さらに企業グループのコーディネイター、調整役の役割を果たす一方、必要とあらば冷徹にして非情なる日本経済の清掃者の役割も果たしている。いずれにしても欧米のバンカーにくらべて大きく異なる点は、欧米の利潤第一主義に対して発展第一主義の立場をとり、私的利益よりも国益優先の姿勢を一貫して守りつづけて今日に至っていることである。

(略)たとえば、フランスの知日家ロベール・ギランは次のように驚嘆の声をあげている(『第三の大国日本』井上勇訳、一九六九年、朝日新聞社)。

「日本の銀行家の大胆さは、大産業の経営者のそれと形影相伴っている。グループに関する企業が（中略）競い合う必要に当面すると、銀行家たちもまたのり出していって、必要な資金を貸し出すことをためらわない。日本の大会社がさらに大きくなり、比類をみないスピードでその設備と工場とを更新し得たのは借り手と貸し手の提携にもとづく借入金、過大借入金のおかげである。（中略）

西方諸国では、事業家と銀行家との権力関係は最小限度にとどまっている。銀行家はひとつの事業を検討するに当たって、厳密にその金融的業績しか見ない。日本では、ほとんどその逆だといっていい。

（中略）日本のバンカーが日本資本主義を作り、育ててきたという歴史的事実はいまや世界に広く知られている。」（同書九—一〇頁）

現在の日本経済において、企業と銀行・バンカーの関係をみるとき、上記のような関係は想像できないと思います。大企業はもとより、中小企業の経営者からも、銀行員に対して畏敬の念を示す「バンカー」という言葉は、いまや死語になっています。

担当する貸出先の事業内容や業界動向について語ることができず、決算書をみて経営の問題点について話すこともできない銀行員は、単なる貸出セールスマンになってしまったようです。数字だけをお願いベースで追い求める姿は「バンカー」どころか「銀行屋」とさげすまされた陰口さえ聞かれます。

本書の「はじめに」で元自民党副総理を務めた故後藤田正晴氏が残した次の言葉を紹介しました。「次の世代を考えるのが政治家、次の選挙を考えるのは政治屋だ」。いま、銀行家（バンカー）といわれず、銀行屋といわれるのは、日本経済の発展のため貸出先の事業に資することを考えるのではなく、収益やボリュームの数値目標とか表彰や評価だけが行動基準になっているからではないでしょうか。

前掲『十六人の銀行家』は、いまからちょうど三〇年前（一九八二年）に発行された本ですが、その当時に次のようなことが書かれています。

「いうまでもなく時代が変わり、銀行の経営環境も大きく変わった現在、若い銀行マンに求められるものもちがってくるだろう。しかし、「バンカーとは、小さくいえば一つの企業の盛衰、興隆を見通した上で、応援し、役に立つ人物のこと。また大きくいえば資本主義の発展について同じ役割を果たす人物のこと」（村本周三・第一勧業銀行相談役）というバンカーの本質的な役割はいつの時代でも変わらないはずだし、また、このバンカーの本質と役割を正しく理解した上で、日本のバンカーの伝統をも知れば、銀行マンとして迷いのない生き方をすることができるはずと固く信じている」（同書一二頁）

さて、この本を読んでいるあなたは、貸出業務に携わる銀行員として迷いのない生き方をしていますか。貸出業務を通じて日本経済・地域経済の発展に役に立つ仕事を行っているという自負心はありますか。

## 第4節　貸出担当者としての役割

現在の日本経済は、前節で書いた時代背景とは大きく異なっています。貸出業務を通して、二一世紀の日本、あるいは地域経済を支え、担う企業を見出し、育てたいという使命感や情熱をもつことは大事です。しかし、日本経済、地域経済の現状をみるとき、単なる使命感やヒロイズムに酔ってはいけません。現実を直視することが大事です。

日本経済が高度成長・安定成長してきた時代に銀行が果たしてきた役割と同等のことをいまの時代に行うことは困難です。仮に、企業の資質と将来性を鋭く見抜くことができたとしても、「私の責任で」といって、金額・担保条件等でマニュアルを超えるような大胆な貸出を勝手に行うことはできません。いまの時代、情報通信や技術力がグローバル経済のなかでスピードをもって動くなか、優秀な銀行員、たとえ役員であっても、一人で企業の発展の成否を見抜けるわけがありません。そもそも、事業とは不確実性を有しています。

しかし、かつてのバンカーの役割ほどではないですが、真に貸出先のために真っ当な貸出業務を行うことは大事です。貸出業務は資金を貸し付けるだけで付加価値を生むものではありません。しかし、貸し出した資金が貸出先の事業発展に資することで付加価値を生みます。また、貸出先の事業経営に関することについての情報提供や情報生産という面で付加価値を与えることはできます。

貸出担当者は、貸出先の事業を資金や情報という手段で黒子として支える存在であるべきと前述しました。冷静な判断力を基本に、地味かつ堅実な黒子に徹することで、貸出先と信用という絆で結ばれるところに、使命感と生きがいを感じるはずです。貸出業務にやりがい、生きがいを感じないようでは、充実した人生にはなりません。貸出担当者としての役割はここにあります。

同じ貸出業務であっても、成果や評価を得るために行う数字至上主義を目的にするならば、その仕事は賤になり、心構えが上記のとおりであれば、その仕事は貴になるのです。まさに「貴賤の分かつところは行の善悪にあり」です。

貸出業務を、数字で評価を得る場として自己本位の仕事を遂行することで品性という大事な魂を棄ててしまうのか、人格を磨くための心の道場であると認識して品性の矜持を保つのか、あなたはどちらの生き方を選択しますか。

## 第5節　プロの道を歩む

あなたは、人間として成長していくプロセス・舞台を、銀行という職場を選びました。貸出業務の道でプロになるためには相応の努力が必要です。

「命の次に大事なものはお金」という言葉があります。この言葉が正しいか否かについて議論するつもりはありません。この言葉が正しいか否かではなく、企業においてもその存続（命）を支えているのが資金繰り（金）であるとみれば、企業のお金にかかわる貸出業務の仕事は、人の命を預かる医師と同じように重要であることがわかります。

医師は、大学六年間勉強し、国家試験に合格し、研修医を経てから患者に接します。患者に接するまでに相当な勉強と訓練を行います。それは人の命にかかわる仕事だからです。ところが、貸出担当者は企業の命を支える資金繰りをみる仕事であるにもかかわらず、医師のキャリアに比べると未熟な段階で現場に出されます。本来は、必要最低限の勉強や訓練を行ってから、まさに免許事業を担うのに恥じないレベルになってから貸出業務に携わるのが望ましいことです（第3章第1節）が、その意にかなわず現場に出ることが多いようです。

その時、貸出担当者を拝命したからには、仕事の重みを自覚して、早い段階で必要な知識を身につけなければいけません。毎日が自己啓発の機会・場であり、時間と資金は、貸出業務の勉強のために自分に投資してください。

もちろん、知識面だけの勉強だけでは足りません。人格・品性を磨くことも大事です。誠実さを基本に、正直に正義に生きることです。銀行内の常識にとらわれず、社会の常識で判断し、良識を備え、道徳心・倫理的であることを心がけてほしいと思います。清濁併せ呑むことで自己正当化を図ることは好ましくありません。要は、信頼される人間になろうという誠実な気持ちを欠かさずに持ち続ける心が大事であると思います。

## 第6節　組織のなかで

筆者の個人的な経験談を話します。筆者が三〇歳代後半のときです。外部の人（人事労務コンサルタント会社の社長）から次のように聞かれました。

社長：「あなたは、自分がいる銀行に問題点があると感じていますか」

筆者：「いろいろと問題があると思っています」

社長：「その問題を解決する方法として、①いますぐ問題提起する、②自分がその問題を解決できる立場になるまで、あえて問題提起しない～のどちらの行動をとりますか」

筆者：「当然①です」

社長：「あなたは銀行では出世できないと思います」

（……といわれましたが、①の行動で通したつもりです。その結果、筆者は役員にはなれませんでしたが、支店長職を三場所やらせていただきました）

筆者は本書の「はじめに」で次のように書きました。

「もし、貸出業務に関する目標数値や施策等に疑問を感じながらも、大勢の成り行きや周りの空気に流された行動する人がいるとすれば、その人は銀行内において自我意識にまだ目覚めていないといえます。その人はまだ自我が確立していない状態にあり、組織のなかで自分という存在を見失っています。それとも、自意識を抑えることが組織内で生き、出世していくためには必要であると思っているのでしょうか。

人間は、ただ何となく毎日を生きている、他人に指示されるとおりに過ごしているだけでは、自分という存在感が薄れて、自我意識が衰え、自己が崩壊する危機に至る可能性があります」

銀行で仕事を行うとき、だれもが必ず組織目標と個人の考え方に違いが生じることがあると思います。そのコンフリクトをどのように解決するかがストレスになり、それが原因となって銀行を辞める人もいるようです。

筆者は、貸出業務に関して自分の意見はしっかりと述べるべきであると思います。役のついていない担当者であっても、上司に対してしかるべき自分の意見をいうことが大事です。また、組織としても支店内の上下関係のみならず、支店と本部の関係においても、自由に意見をいえる雰囲気が大事です。正論が通らない組織は腐ってきます。「お前が意見をいうのは一〇年早い」と管理者がいうような組織は腐っています。大事なことは組織内におけるコミニュケーション力です。

**寄り道**　**『説苑』（ぜいえん）**

高木友之助著『説苑（第五版）』（一九九五年、明徳出版社）より。

「命に従って君を利する、これを順と謂う
命に従って君を病ましむる、これを諛（ゆ）と謂う
命に逆らひて君を利する、これを忠と謂う
命に逆らひて君を病ましむる、これを乱と謂う」（同書六六頁）

「主君の命令にしたがって君主のためになるようにするのを順という。

主君の命令の通りにするだけで主君のためも考えず却ってそのために主君の憂患になるようなことをするのをへつらいという。

主君の命令に逆らっても主君のためになるようするのを忠という。

主君の命令に逆らいしかも主君の憂患となるようなことをするのを乱という」（同書六七頁）

〜健全な組織においては、順だけではなく忠もみられるはずです。諛がみられるとき、部下は自ら考えず、

上下関係に信頼はありません。乱がみられるとき、正論を正当化したとしても、組織の和と秩序は保たれません。

## 第7節　信用を高める

いまさらいうまでもありませんが、銀行は信用によって成り立っています。その信用は、行員一人ひとりの能力、品性、教養というものが集積されて生まれてくるものです。銀行の信用を決めるのは、預金や貸出の金額、あるいは収益力だけではありません。あえていうならば、行員の能力レベルを高く維持し、王道を歩み堅実な経営を行うことが、銀行の信用をつくりあげていくものと信じます。

なかでも、貸出業務に携わる人は公私にわたって人から信用されるようでなければなりません。銀行の貸出業務も、結局は一人ひとりの貸出担当者がそれぞれの部署・現場で行っている貸出業務の集積です。担当者の個々人が信用されずに、銀行が信用されることはありえません。それは、貸出業務に携わるすべての人～役員、本部部長、支店長、支店役職者、担当者の個々人が、それぞれの部署・現場で信頼を勝ちうる仕事を遂行することが原点にあり、その積重ねの歴史でつくりあげられていくのです。

経済社会の主役は、ものをつくる会社・販売する会社です。そのような物質経済社会の中心においてお金を取り扱う銀行は、精神的に強靱かつ健全でなければ信用組織は維持できません。そこで働く貸出担当者は公私において期待の倫理を背負い、厳しい世間の眼にさらされているといってよいと思います。

筆者は、貸出担当者は銀行員の矜持という面から、常に責任を遂行するための準備をしておかなければいけないことがあると考えます。その準備とは、自分自身の専門性を高める努力です。自分の信用を高める源は、幅広い知識と専門的な知識に求められると思います。それは不断に行う自己啓発によってしか得られません。

対貸出先との関係で信用を得るためには、法律と経済財務に関する幅広い専門的な知識を核にして、正確な事務処理を行い、誠実な対応を行うことが必要です。貸出先に対して指導的な立場に立つ場面もあるでしょうが、間違っても自分自身が高いところにいるという考えや錯覚はもつべきではありません。そのほかにも、一般教養や高い倫理性等々、求められる資質は数多くありますが、あえて筆者が一つだけポイントをあげるとすれば、それは貸出先に対して接するときの「誠実さ」（インテグリティ）と申し上げておきます。

また、行内的に自分の信用を高めることも大事です。それは、組織のなかにおいてぶれない軸と正しい考え方を核にもちながらも、冷静かつ素直に広く多くの人の意見に耳を傾けることがポイントになろうかと思います。

たとえば、本部や上司からの指示・命令が、自分には違和感となって感じ、その指示・命令は誤っていると思われる場合、本部や上司にその指示・命令の再考を促すことはよほどの場合であります。一般的には、多数対一人の状況においては、多数のほうが正しいという確率が高いでしょう。したがって、自分の意見を考え直し、妥当性を検証することが必要です。自ら冷静に考え直すことが大事で、感情が先立ってはいけません。自分の意見が他の意見と違うのはなぜかということを自問自答するべきです。そのとき、必要となるのは日頃の自己啓発によって積み上げられた専門的な知識です。

銀行は信用によって成り立ち、それは個々人が信頼される仕事を行うことで支えているのです。貸出先から信頼されるためにあなたが行うべきことは二つです。不断に自己啓発に励むことと、「真っ当な貸出業務」の遂行です。

# 第11章

# 経営が宣言すべきこと

# 第1節　経営者の認識

経営者（役員、本部部長、支店長をイメージ）は貸出業務の遂行に際し、数値目標のほかにどのようなメッセージを現場・部下に出していますか。また、経営者は貸出業務に対する正しい考え方、あるいは施策・方針について、現場・部下に自ら語りかけ、教育的指導を行っていますか。

本書の「はじめに」で元住友銀行役員の故大島堅造氏の次の言葉を紹介しました。「私の心配するものは、今の銀行員諸君が、銀行業とはこんなものだ、と思い込むことだ。現状は全くアブノーマルだ。これをノーマルに戻すのが、将来のわが銀行業を背負って立つ諸君の任務であることを、心に銘記してほしい」。

経営の立場にいる人たちは、いま、現場で行われている貸出業務にアブノーマルな面があることを感じていますか。あるいは知っていますか。筆者が第3章・第4章で書いたような事実があることを承知し、把握していますか。

現場で行われている貸出業務の実態を知らずに、数字だけで目標と実績を管理し、数字だけでしか貸出業務について語れない経営者では困ります。バブル時代に貸出の数字は伸びましたが、多額の不良債権をつくってしまった過去を忘れては困ります。貸出業務の成果は貸出残高の数字が伸びればよいというものではありません。倒産リスクを抱えている貸出、業績が悪い事実を隠して採り上げた貸出、適正な利益を生まない金利での貸出、顧客が望まないのに無理やり貸し込んだ貸出、等々の貸出で残高を伸ばしていたら……、それは後になって経営に跳ね返ってきます。そのような内容の貸出であっても数字的には実績とみられていて、後になってから格付や自己査定でリスク管理債権になるようでは困ります。

貸出業務は、銀行と貸出先との間における信用と信頼が基盤になっているはずです。「〜なっているはずです」という表現は、自信をもって「〜なっています」といえないという現実があるからです。信用と信頼という確固たる基盤が、バブル経済期の貸出・不良債権問題によって液状化現象を起こし、現在までそれが放置されているのがいまの貸出業務の実態であるように感じています。

銀行は、信用と信頼という質的な問題を、数値目標の達成ということで解決することはできません。経営者は、自行の貸出業務の問題点と実態把握を早急に行い、必要な対策を打たなければいけません。貸出業務の再生を図ることの先頭に立つのは経営者であるあなた方です。

筆者は、多くの金融機関に行き、真っ当な貸出の考え方を講義して伝えています。若手の担当者が受講者の場合、アンケートには「この研修は、支店長を相手にして企画してほしい」「真っ当な考え方を聞いて実践したいと思うが、支店に戻ったら、支店長からは講義内容と正反対の指示がくるので、当行においては真っ当な貸出の実践はむずかしい」という趣旨の記載が数多くあります。また、支店長クラスが受講者であるときは、「この話は役員に聞かせたい」という声が聞こえてきます。

このことから、現場では、現在行っている貸出業務のあり方に疑問をもっている人が多くいることがわかります。しかし、問題を認識していながら、自らが言い出しっぺになって改革・改善のため、勇気ある行動を先頭切って取り組む人はいないようです。

## 寄り道　トヨタ渡辺捷昭社長の話

マイケル・A・ロベルト著『なぜ危機に気づけなかったのか』(二〇一〇年、英治出版)より抜粋。

「(「ハーバード・ビジネス・レビュー誌」のインタビューから)

渡辺社長の次の言葉は、問題に対する同社の姿勢を雄弁に物語っている。

「私は当社のシステムが背伸びしすぎたのではないかと感じています。この問題を目に見えるようにしなければなりません。隠れた問題は究極的に深刻な脅威となる問題です。問題が明るみに出て皆の目に触れるようになれば、私も安心するでしょう。なぜなら、問題が目に見えるようになれば、もっと早くから気づいていなかったとしても、社員たちがその解決にために全員で頭を振り絞ってくれるでしょうから」

ほとんどの経営者は、自分が率いる組織の欠点についてこれほど率直には語らないだろう。それに引き換え、渡辺社長は社内において「問題を明るみに出す」のは自分の責任だと語っている。（略）率直に語ることによって、渡辺社長は同社のすべての管理職に身につけることを望む姿勢の模範を示したのだ。渡辺社長と彼の率いるトヨタの組織にとって、問題そのものは敵視すべきものではなかった。隠れた問題こそが敵なのだ」（同書三三頁）

～貸出業務に携わっている役員・本部部長・支店長は、現場における貸出業務の問題点がみえていますか。問題点を明るみに出そうと考えて努力していますか。問題をみずして数字だけで貸出業務を語ることはできません。問題が表に出てこない組織こそが問題であることを知るべきです。

## 第2節　経営における「ゆでガエル」シンドローム

前章第2節で「ゆでガエル」シンドロームについて書きました。これは経営に携わる方々にも当てはまります。

前節で指摘したように、貸出業務の現状について数字だけでしか把握していない、数字でしか語れない経営者がいます。貸出業務の実績について、数字でしか語れない経営者は、現場における貸出業務の実態と、同業務に携わっている担当者のレベルを正確に把握しているとは思えません。決算書を読めない、銀行取引約定書を読んだことがない、資金使途の検証は行わない、貸出先の事業内容について知らない、等々の人たちに当行の貸出業務を任せていていいのか、ということに気づくはずです。「そんなことは心配していない」という思いで何もしない経営者は、まさに「ゆでガエル」シンドロームに陥っています。

現状の貸出業務について実態把握ができていない状態では、問題点を認識することはできません。また数字だけの議論は、目標と実績の結果について論評はできても、プロセスや判断等にかかわる質的な問題点を認識しているとは思えません。現場に行き、現場の声を聞き、貸出先からの生の声を聞かなければ実態はわかりません。

時代が進歩し、社会が急速に変化するとき、世の中の進歩と社会の変化のスピードと同等以上のスピード感をもって経営を行わなければ時代に遅れます。立ち止まって、過去の経験を尺度にして測り、旧態依然たる手法や施策の指示だけでは競争に勝てない時代であることを知るべきです。一〇年以上も前の手法や、自分の成功体験を持ち出し、「昔はこうした」「できないはずはない」といっても、時代感覚にズレがあるかもしれませんし、改革につながるものではありません。

支店における貸出業務で何が起きているか。担当者は育っているか。現場のマネジメントに問題はないか。目標は適正か。実績評価体系は公平に行われているか。貸出先は当行に対してどのような思いをもっているか。なぜ、不良債権が減らないか、等々についてどのような議論が行われていますか。貸出残高と収益目標数値と実績値の数字だけをみて議論していても、貸出業務の実態はわかりません。

多くの問題点を認識したとき、その問題の深刻さはどの程度か、いつまでに問題を解消しなければいけないのか。問題解決に手をつけないでいるとどのような事態になってしまうのか。経営はそこを考えなければいけないと思います。

それぞれの担当部門現場には必ず上記のような問題が、程度の差があるにしても起きています。何も手を打っていないということは、組織全体が「ゆでガエル」シンドロームに陥っているといえます。

若手が、現場が、問題点を認識しても、それを上司や本部に問題提起をすることがむずかしいと感じる組織は、「無責任な構造」になっているからです。それは、個々人の心のなかには同調性があり、何かの問題提起をしなければという必要性を感じ、それが正しいことであっても、自分一人が非同調的な行動をすることに罪悪感のような思いを感じるという日本人の特性が災いしていると思います。その克服には、個々人に強さを求めたいところですが、その行動を引き出す雰囲気づくりも大事だと思います。それは経営者が積極的に行うコミュニケーションではないでしょうか。

筆者は、ほとんどの金融機関が行っている貸出業務には二つの問題点が内在しているとみています。一つは、人材の育成ができていないことです。もう一つは、真の顧客第一、顧客満足といえる真っ当な貸出業務が行われていないことです。

この現実を直視しないで、改革の必要性を看過する銀行は、将来が暗いといわざるをえません。「ゆでガエル」は、いずれゆであがって死ぬことになります。

## 第3節　経営が宣言すべきこと

筆者は、貸出業務に関して経営の立場にいる人は、次の五点について、現場に対して明確なメッセージを出すべきであると考えます。

(1) 真のコンプライアンス経営
(2) 健全な貸出業務運営
(3) 顧客第一、顧客満足の徹底
(4) 人材主義
(5) 公平公正な評価

この五点について筆者の考えを以下に述べてみたいと思います。

## (1) 真のコンプライアンス経営（第9章第1節も参照）

建前としてのコンプライアンスではなく、行員のすべてが真にコンプライアンス意識をもつことが大事です。法令の遵守は当然ですが、法令に抵触さえしなければ何を行っても問題はないという意識は改めなければいけません。「法に触れていなくても、モラルに疑義ある行為について当行は行わない」と、役員・支店長が責任ある態度と姿勢をもって明確に話すことが大事です。明確にいわないでおいて、社会的に問題視されたとき「そのようなことを行ってよいとはいっていない」というのでは、コンプライアンス経営に対する本気度を疑います。

筆者が「真の」という枕詞を使ったのは、口ではコンプライアンスといいながら、またコンプライアンス研修を行っているといいながら、実態はそれが建前にすぎない、見せかけのポーズである実態を修正することにあります。

それは、コンプライアンスという言葉の意味と範囲を、単に法令等の遵守ということだけではないことから教え始めなければいけません。行内のルールと社会的モラルも意識して、次の三点について、謙虚かつ素直に実態をみて、必要があれば反省し、行動を改めることが必要です。

① 経営方針に反していないか。
② クレジットポリシーに抵触しないか。

③　世の中の常識に反していないか。

バーゼル銀行監督委員会が公表した「市中協議文書「銀行のコンプライアンス機能」」（二〇〇三年一〇月）には次のような文章が掲載されています。

「コンプライアンス・リスクは時として誠実性リスクと呼ばれることもある」「コンプライアンス・リスクの管理は、銀行の文化が、銀行のすべての層において倫理的行動に関する高い基準を強調するものである時に最も有効である」

そして次のように書かれています。

「取締役会が、正直さ、誠実さの価値観を組織内で涵養する決意を明確に表明しない限り、銀行のコンプライアンスの方針は有効にならない」（同文書四頁）

## (2)　健全な貸出業務運営（第9章第4節も参照）

かつて「サウンドバンキング」（健全経営）という言葉をよく耳にしました。この言葉を久しく聞くことがありません。バブル経済以降、サウンドバンキングという言葉は死語になってしまったのでしょうか。

銀行法第一条（目的）には「銀行の業務の健全かつ適切な運営を期し」という言葉が書かれています。銀行法のコンメンタールによると、「銀行法の論理は、銀行の公共性に照らして、信用秩序の維持、預金者保護、金融の円滑、の三つの理念ないし目的を実現していくために銀行の業務の健全かつ適切な運営を期している」として、銀行経営の健全性について次のように述べています（小山嘉昭著『詳解銀行法』五五頁、金融財政事情研究会）。

「銀行にとって一般公衆から預金その他の形で受け入れた資金を安全・確実に運用することは最も重要な責務である。（中略）銀行経営の健全性とは、預金者への責務が十分に果たせるように銀行経営者が将来の諸々の事態、特に、楽観を許さないような事態を想定し、事前に資産上の備えをするなど、万全の態勢を敷くことを要請する理念である」

貸出担当者が意識しなければいけないことは、貸出金は預金者から預かった預金が原資であるということです。万が一にでも、貸出先が倒産し、貸出金が回収できなくなるという事態は、預金者に財産である預金を返せないことをしてしまったということです。その自覚をもっているならば、数値目標のため、自分の成果のためにリスクがある貸出を安易に行うことはできないはずです。預金者への責務が十分果たせる貸出業務を行わなければいけません。

また、健全性という言葉は、業務だけではなく、貸出担当者として求められる期待の倫理、すなわち正しい考え方＝健全な精神で顧客に接する誠実な心構えも大事であると考えます。

## (3) 顧客第一・顧客満足の徹底

顧客第一・顧客満足というスローガンが、言葉だけではなく、真に実践されなければ意味がありません。実践されない見かけ倒しのスローガンであっては、顧客から信頼されなくなります。特に、第4章で書いたような恥ずかしい貸出を行っていながら、顧客第一・顧客満足というスローガンを掲げているのは、経営が貸出業務の実態を把握していない証左であるといえます。

貸出業務は真に貸出先の事業経営に資することを、銀行の立場でともに考え、必要な支援をすることに使命があります。「貸すも親切、貸さぬも親切」という言葉がありますが、それが真に実践できるような信頼関係と絆の構築が大事です。そのためには、貸出先が、「この担当者、支店長に相談したい」といわしめるだけの知識や情報生産能力を備えていなければなりません。

顧客第一・顧客満足の徹底は、実践が求められています。また、貸出業務は、貸出先にいかに多くの情報を提供し、経営に役立てるかという付加価値の競争という側面が重視されるべきです。金利の引下げ競争で、貸出先の歓心を得るだけの銀行は、いずれ淘汰される運命にあると思います。

貸出先から、「取引したい銀行」「信頼できる銀行」という評価を得られる努力を行うことが大事です。同時に、貸出業務に携わる行員たちが、「働きがいがある銀行」「自慢できる銀行」といえるようになるために、顧客第一・顧客満足の徹底は重要な意味があります。銀行は自ら社会貢献活動を行い「良き企業市民」としての顔をPRしている一方、貸出業務においては貸出先企業に対して恥ずかしい行為をしているという二重人格であっては社会から信用・信頼されません。

## (4) 人材主義

銀行の財産は行員＝人であることは間違いがありません。経営は本当に行員＝人を大事にしているでしょうか。

貸出業務がアブノーマルであるといわれる背景には、行員がそのようにいわれる行動を行っているということです。現場の支店長や担当者が、そのような行為について悪いとか間違っていると思っていないとしたら、人の育て方が間違っているといわざるをえません。

貸出業務に必要な知識が不十分な人が、数字の積上競争のために、貸出先が望まないことをお願いするだけでは、銀行に対する信用は地に落ちていきます。信頼関係は崩壊します。

数的業績のために即戦力となる人を求める前に、人間として恥ずかしくない振舞いや、誠実さ、真面目さ、そして正しい考え方を教えることから始めなければいけないと思います。人は自然に育ちません。自行の文化や伝統、地域社会における自行の役割、そして「真っ当な貸出」について正しく教えなくてはいけません。

そして、現場におけるOJTを通して、仕事から得る喜びや生きがい、組織に対する誇りと満足を感じることができて、それが銀行員としての矜持に発展すると思います。

## (5) 公平公正な評価

多くの銀行は、貸出業務の実績評価に際して、数字による目標管理制度を導入しています。上司と相談して目標を設定し、その数字的な目標達成率が評価の基本になっている制度です。言い換えれば、成果主義的な性格が強く出ている評価体系といえます。この評価制度では、設定していない項目や、数字には表れない質的な問題は評価されないことになります。

貸出業務の特徴は、数字と直接的には結びつかない判断業務があります。その判断の妥当性や正否は数字に直接的にはつながりません。貸出業務の成果は、数字に表れなくても、正しい考え方を行ったか否かが問われる局面もあるという事実があり、それをどのように評価するかが必要です。

第2章第4節で掲げた事例で考えてみます。A君は、要注意先に追い貸しを行い、数字的に目標を達成しました。B君は、要注意先貸出を回収して目標未達でした。この時点で、A君は評価され、B君は評価されません。翌期になって、A君が担当の要注意先が倒産し、前期に貸した金額を含めて実損を出しました。B君が回収した元要注意先も倒産しましたが、回収ずみのため実損は回避できました。

この場合、翌期に実損を出したA君の、前期実績にかかわる評価が変わることはありません。また、実損を回避できたB君も、翌期に評価されることはありません（という銀行がほとんどだと思います）。

これは公平公正な評価でしょうか。これに限らず、筆者も支店長を経験しましたが、目標管理制度の運営には行内政治的な思惑や力関係などの要素が入り組み、また本人の努力とは関係がないところで数字が動くことはだれもが承知しています。

経営が数値目標を設定する意味は理解するにしても、貸出業務の実績を数字だけで公平公正に評価することには無理があると思います。数字には表れない正しい考え方や、貸出先から信頼を得る行動も実績として評価の対象としなければいけないと考えます。そうでなければ、貸出業務は、いつまでたっても数字達成ゲームから抜けられずに、それは銀行のレベルを落とし、顧客から信頼されない存在に陥っていくことを知るべきです。経営は、人材の正しい使い方、活かし方をするためにも、より公平公正な評価体系について考えなければいけません。

# 第4節　ルネサンス

「ルネサンス」とはフランス語で「再生」を意味します。それは、教会中心の中世的世界観を離れ、現世の肯定・人間性の解放・個性の尊重等を主張するもので、政治・社会・文化・宗教など多方面に影響を及ぼしました。

筆者はなぜ、いまになって「ルネサンス」の話を持ち出したのでしょうか。それは銀行の貸出業務においても「再生」が求められていると考えるからです。

以下は、筆者の前著『貸出業務の王道』から抜粋引用することで、繰り返しになりますが、その考え方を示したいと思います（同書二六五〜二七二頁から抜粋）。

「それはいまの銀行の現状を省みるとき、銀行も「ルネサンス」（再生）が必要であると考えるからです。それは、見失っている貸出業務における「不易」なるものの考え方を再生することを意味します。

本来、銀行は信用秩序を護るリーダーたる存在です。経済社会からその役目を期待される存在です。しかし、いまの銀行は社会的存在、公共的使命という役割を忘れて、「信用の維持」よりも「収益の増強」を大事にしているように思えます。そのような銀行の収益至上主義のもとで行われている貸出業務について疑問を感じている銀行員は数多くいると思います。筆者は「収益をあげる」こと自体に疑問を呈しているわけではありません。問題は収益を得る方法と、それを行っている銀行員の倫理感に疑問をもっているのです。そのことによって、銀行の経済社会における存立基盤であるべき「信用」と「信頼」が大きく揺らいでいることを、銀行自身はどれほど認識しているのでしょうか。この問題は、収益があがるあがらないという問題より深刻であると考えるべきですが、はたして銀行はそれを危機としてとらえているでしょうか。

現在、各銀行が掲げる収益至上主義に基づく行動規範は、中世ヨーロッパにおけるキリスト教的世界観のごとき存在になっていて、銀行員の皆さんはそれを疑問に感じていながらも、そのことに触れることができないでいるようです。収益至上主義は捨て去るべきか、見直すべきかという命題のもとでディベートを行う場面があるとした場合、本部方針に勝てるほどの論理構成力をもち、ディベートに勝つ自信がある者がいたとしても、本部相手にそのような挑戦的発言をする者は出てこないように思えます。実際、顧客との交渉等を通じて現場の最前線にいる銀行員は、日々の業務を通して、「これでよいのかな」という思いがあり、変革の必要性を痛感していながら、本部の意向に逆えず、論破する勇気を出せないもどかしさを感じて、毎日を過ごしているように思えます。あたかもローマ教会が教えるキリス

ト教的世界観のような壁を感じているのが実態ではないでしょうか。（略）
ルネサンスとは、長年社会を支配してきたキリスト教的世界観を捨て去り、古代ギリシア・ローマの文化の人道主義に回帰することでした。いま、銀行も自行利益を優先する収益至上主義の考え方を見直し、本来の銀行のあるべき姿である「顧客第一」の原点に戻り、「倫理観」を取り戻し、経済社会から信認を受ける存在に「再生」しなければならないと考えます。

銀行は、信用という質の問題を収益という量の問題で解決することはできないことを知るべきです。銀行は、自己の収益確保のために利己的に振る舞うのではなく、経済社会の発展のために金融の円滑化という側面で寄与するところに自らの存在意義と価値観があることを再認識するべきです。経済社会における主役は実体経済です。金融は実体経済を黒子として支え、脇役として手伝うという役割であるべきです。貸出業務の本質もここにあります。

（略）

そこで筆者が現実的に期待することは、いまの風潮や流れを変えるためには、この本の読者の一人ひとりが、自分の心に感じていることを自分の頭で考え、自分の答を見つけ、自分でできることから一つずつ実践してほしいということです。「北京で蝶が羽ばたけば、ニューヨークにハリケーンが起きる」（注）という理論があるように、自分が正しいと思うことを身近なところから小さく実践することで、それがいずれ大きな波になることを信じて行動することが大切です。」

（注）「北京で蝶が羽ばたけば、ニューヨークにハリケーンが起きる」という話は、決定論的な法則でも、初期条件のわずかな差が挙動の大きな違いを生み、その予測が困難化するという「カオス理論」におけるバタフライ効果を端的に説明する際に引用される。

以上が、前著からの抜粋引用の部分ですが、本書で付け加えたいことは、経営には現場における小さな声を吸い上げる努力をしてほしいということです。若手が意見すると「君たちが意見するのは一〇年早い」といって、聞く耳をもたない支店長や経営者がいるようです。過去の成功体験や、昔の自慢話をいっても時代が違います。大切なことは、世代が違っても、いま現在における同僚として、チームメートとして、自分たちの銀行をよりよくするために話し合うことです。コミュニケーションなくして正しい道を探すことは困難です。

銀行における「ルネサンス」は、それぞれの立場の人たちが、まず自分の得意な分野において、自らできる範囲のことから始めることが大事です。世間の常識をもつ普通の人の価値尺度をもって、当たり前なことを当たり前に行うという考え方と行動が銀行のなかで認められるとき、ルネサンスの波は行内に起き、それは派生的に広がることと思います。その考え方と行動は覇道的であってはならず、王道であるべきと考えます。

## 寄り道　問題先送りの構造

小島祥一著『なぜ日本の政治経済は混迷するのか』（二〇〇七年、岩波書店）から抜粋。

「日本の政治経済のドラマは、いつも同じ筋書きの四幕劇になる。

第一幕　何の問題もない

何か問題が起こったとしよう。まず「何の問題もない」と言い張る。（略）いったん問題を認めれば……これまでの政策が続けられなくなり、何か新たな政策をとらなければならない。（略）だが、これまでの政策を変えると責任問題が生まれるし……一番簡単なのは、「何の問題もない、既定方針どおりで行け」と言い張り、問題を先送りすることである。

第二幕　お茶を濁す

いよいよ問題が誰の目にも明らかになると……。（略）しぶしぶ問題を認めざるをえなくなる。だが、問題の全体を認めるのではなく、一部だけ限定的に認めて問題を小さく見せようとする。問題を先送りし、自分たちのやるべきことを減らそうとする。

第三幕　知らぬは日本人ばかりなり

問題の認定が遅れ、対応が……部分的なもので、問題は先送りされ、さらに深刻化していく。（略）日本人は問題がどこまで深刻化しているか知らされないまま、政策を信じさせられている。いや、日本人の方も問題の深刻さを知ろうとしないし、知りたくないという態度になる。政策は上の方にまかせて、自分からは深く考えない。

第四幕　白旗掲げて降参

問題が深刻化したことは、いよいよ日本国内でも知れわたる。（略）抜き差しならぬ立場に追い込まれたことを悟る。問題の深刻化を全面的に認め、本格的な政策をとらねばならなくなる。」

～上記は、日本の政治経済のドラマをテーマにしていますが、これを銀行内のドラマとして読むとどうでしょうか。

筆者が本書で指摘した事実について、第一幕はまったく問題はないと対策を拒み、第二幕は問題の存在は認めるものの矮小化し、第三幕は現場は問題の深刻さを知らされないまま、第四幕で問題が社会問題化したり、金融庁から指摘されると、どうしようもなく降参する…という流れになる可能性は……？

このような四幕劇を防ぐためには、経営の立場にいる役員や支店長が、事実の本質を把握し、適切に対応することが求められます。心しなくてはならないことは、問題を先送りしても解決につながらないということです。そして、当行が、自分が、いま、何幕目にいて、何をしなければいけないかを常に考えなくてはいけないということです。

あなたの銀行には、本書で指摘されたような問題点はありませんでしょうか？

# 第12章 審査部の役割

本章でいう審査部とは、貸出案件（稟議書）の審査を執り行う部署で、銀行によっては融資部という部署と同義です。

## 第1節　審査能力の重要性

慶応義塾大学の池尾和人教授は著書『現代の金融入門』（二〇一〇年、ちくま新書）のなかで次のように書いています。

「審査もなしに、ただお金を手渡すだけであるならば、誰にでもできることであって、わざわざ金融機関に頼むまでもないことである。自分のお金を金融機関に委託するのは、その金融機関が十分審査をして資金を利用させる相手を選択してくれると期待するからこそである。それゆえ、コスト・パフォーマンスの高い優れた審査能力をもっているかどうかが、金融機関の存在意義を決めるといえる」（同書二六頁）

銀行経営にとって貸出審査がきわめて重要な機能を果たしていることを忘れてか、知らずしてか、いまでも、貸出業務に携わる人で次のようなことをいう人たちがいることに筆者は驚きを禁じえません。

「貸出の数字が伸びないのは審査部がうるさいことをいうからだ」

「不良債権金額の増加は日本経済の低迷が原因で、貸出運営の失敗ではない」

バブル崩壊後、銀行や信用金庫の破綻が相次ぎました。あらためて、その破綻の原因については、第7章第1節(1)で記したように、貸出債権の不良化が原因であることがわかります。

その事実を知ってか知らずか、いまでも貸出業務における審査の重要性について、上記のようなことをいう人は、貸出業務の本質をどのように考えているのでしょうか。本質など考えずに、数字達成ゲームのような感覚で貸出業務を行っているのでしょうか。

バブルが崩壊して二〇年が経った現在でも、貸出業務を数字至上主義でしかとらえていない人は、数字が伸びない理由として審査が厳しいことをあげます。そのようなことをいう人は、貸出審査は不要だと考えているのでしょうか。「不要だなんていっていない」と反論しながら、腹のなかでは「審査部はうるさい、こまかい」「業績推進するのに審査部は邪魔」と思っているのかもしれません。「審査部は営業のできない（＝稼ぐことができない）連中の集まり」という人がいると聞き、筆者は唖然としました。

また、不良債権が増大する理由についても、審査機能や案件の採り上げの目線を問題にせず、マクロ経済の悪化を理由にあげる人がいます。貸出業務の大義を論じるとき、審査機能の役割や重要性について語れない人は、貸出業務に携わる者として矜持をもっていないことと同義です。

## 第2節　審査体制の変化と審査部の地位低下

第9章第4節において、一九九四年六月二一日に金融制度調査会基本問題検討会が発表した「金融自由化と金融機関の経営の健全性確保について」の内容の一部を抜粋して紹介しました。その報告書のなか（第1の3⑴）に、バブル経済期に金融機関は安易な業容拡大、収益追求を行うため、リスク管理という視点をおろそかにし、審査部門の組織上の位置づけの変更を行ったことが書かれていました。

このことは、本章で審査部について触れるなかで重要なポイントとなることなので、この点について詳しくみていきたいと思います。

銀行における審査部の位置づけ＝審査体制は、一九八〇年代になってから銀行の組織変更とともに変化しました。筆者が銀行に入った一九七〇年代は、ほとんどの銀行において審査部は営業推進部門から独立した存在でした。いわゆる機能（職能）別組織でした。それが一九七九年に当時の住友銀行（現三井住友銀行）が顧客別総本部制への組織改革を行い、その住友銀行の組織改革が成功を収め、高収益を稼ぎ、「向こう傷は問わず」という攻めの経営がマスコミ等で好感され、他の都市銀行も事業部制の導入を追随しました。

その結果、従来は営業推進部門とは独立した審査部でしたが、同一本部内営業推進部門の審査担当として、あるいは同一本部内において営業推進部門から独立した審査部としての位置づけに変わりました。この審査体制の変化は、貸出競争が激化するなかで、審査部もプロフィットセンターの一翼を担う存在として利用され、短期的な利益追求に重みが置かれ、それに協力するかたちで貸出審査の質を落としていきました。

事業部制の導入が貸出審査の質を低下させたことに関して、藤原賢哉著『金融制度と組織の経済分析』（二〇〇六年、中央経済社）は、その要因として次のように分析しています。

「① 銀行組織全体の業績評価体系が収益重視に傾斜する中で、数値化による把握が容易な貸出の伸びのみに重点が置かれ、短期的には客観的な評価が困難な貸出の質が犠牲にされた。

② 各事業部に審査部が分散化され、かつ従来の職能組織よりも、審査部がより下部組織化した結果、キャリアや審査経験の比較的浅い者が審査部を担当することになり、審査部として十分な能力が発揮できなかった。

③ 事業部長（本部長）として、審査よりも営業を重視する人が任命され、審査部の意見が軽視された。あるいは、事業部内の営業部と事業部長との間で一種のcollusion（共謀）が形成され、営業主導・優先で貸出が決定された。

④ 事業部内における審査部と営業部は実質的に同一組織化しており、評価の甘い審査結果が事業部長に報告されていた。

⑤ 審査部はもちろんのこと、営業部や事業部長までが、貸出先が不良債権化したことを、事後的に認識したとしても、これを管理本部や経営会議に報告することは、事業部全体の評価にマイナスとなるので、（追い貸し等により）できるだけ不良債権が表面化しないようにした」（同書九〇～九一頁）

筆者は、上記視点によって審査部の存在感が相対的に低下したことは事実かと思います。それはバブル経済に突入することでいっそうその傾向を強めることになりました。審査部はブレーキ役として企業のリスクチェックを行う存在ではなくなり、銀行全体がプロフィットセンター化するなかでアクセル部門に対して下請協力する存在になってしまいました。言い換えると、営業推進部門が審査部の独立性を半ば停止させるような組織改正が多くの銀行で行われたといえます。

組織改正の背景には、他行との業績競争に勝つことが命題としてあることから、優秀な人材も審査部門から営業推進にシフトさせる人事が行われたといえます。そして、リスク管理への意識がなおざりにされ、「向こう傷は問わない」ことがもてはやされ、成果主義の導入で競争が激化していくことが、後に大きなツケと問題を残すことになったといえます。

**寄り道**　**国会における頭取の発言**

第一二一国会参議院「証券及び金融問題に関する特別委員会」一九九一年九月五日（木）の議事録より抜粋。

「S銀行の巨額融資に関する同行頭取の発言」

「ややもすれば営業推進面に対する審査部門の独立性を弱めることになったことは否定できないかと思います。これが～、営業面におきまして行き過ぎた面が出てきた際に、審査部門が十分な抑制機能を果たせなかったことにつながったということで反省をいたしております。さらに、組織面での問題に加えまして、人事評価、支店評価におきまして業績面を重視し過ぎましたことも、これらの背景としてあったと厳しく受け止めております」

～まさに銀行の歴史のなかで「審査部氷河期」といえる時代であったと思います。

## 第3節　バブル期の貸出運営

現役の銀行員の多くの人はバブル期における貸出業務の経験がありません。ここでバブル期の貸出業務について、その特徴を概略記しておくことが読み手である現役諸兄のためになると思い、一節を割いて述べてみます。

バブル経済と称する時期は、日本経済史の視点でみるとき、一九八七～一九九一年の間を指します。一九八〇年代に始まった金融の自由化は、銀行経営における調達・運用の両面に大きな影響を与えましたが、それを企業の資金調達と資金運用の面との関係でみると次のような特徴でとらえることができます。

それは、製造業（特に大企業）は資本市場からの資金調達をふやし、銀行離れが進む一方、銀行は中小企業や個人を対象にして貸出を拡大していきました。「個人預金者も債務者（カードローン他）にせよ」と檄を飛ばした銀行もあると聞いています。

中小企業向け貸出は、銀行の不動産貸出となって増大していきました。その理由は、一件当りの貸出金額が大きく効率がよいうえ、長期金利で利鞘が確保でき、担保的にもリスクが小さいことで積極的になったと考えられます。その結果、不動産・建設・ノンバンク向け貸出が急増し、これに伴い地価も上昇しました。

ちなみに、バブル期の資産価格の高騰をグラフでみると、図4のとおりです。この図は、日経平均株価と六大都市住宅地の地価、六大都市の市街地地価について、一九六五年を1とした指数で表したものです。このグラフの特徴は、三つの指数の一九六五～一九八四年の傾向線を直線（点線）で引いてみるとき、三つの折れ線とも一九八三～一九八六年を起点にして、傾向線から離れ、相当大きな高い山を描く線になっていることから異常に高騰したことがわかると思います。

図4　資産価格の動向

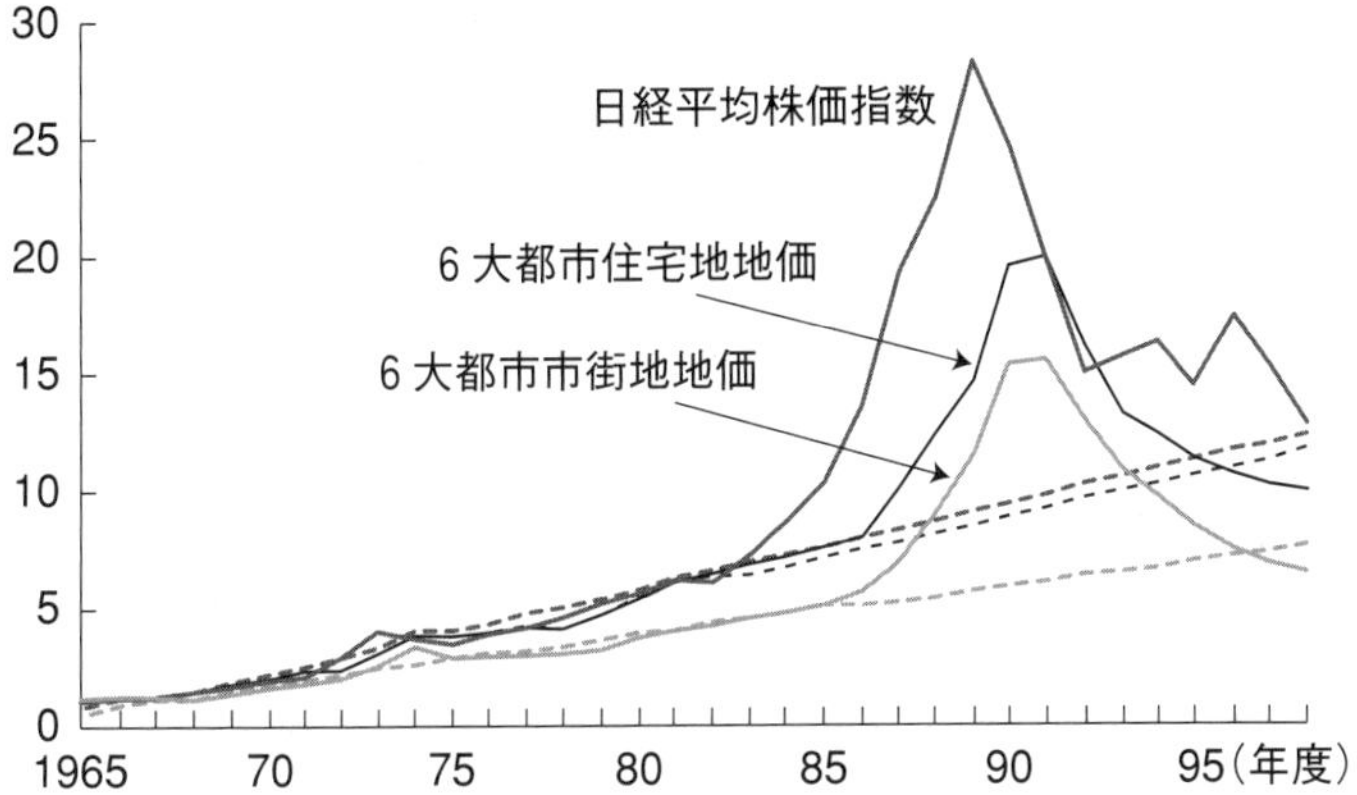


（注）　1965年を1とした指数。同種の点線は、それぞれの指数につき、1965～1984年の傾向線を示す。
（資料）　三井不動産『不動産関連統計集』（第21集）より作成。
（出所）　田中隆之著『現代日本経済』（2002年5月20日111頁、日本評論社）

銀行の不動産向け貸出が急増する過程においては次のような変化があったことが特徴としていえます。一つは、信用リスク管理体制が甘くなり、企業を審査するかわりに不動産担保でリスクをカバーするようになりました。また、土地融資に関する自粛通達が出るなか、銀行はノンバンクを通じた迂回融資で不動産業へ資金を流していったのです。

銀行は、貸出先の信用度やプロジェクトの審査を甘くし、土地を担保にとることで貸出残高を増大していきました。土地価格は下がらないという、いわゆる「土地神話」を信じ、〝担保があるから貸しても大丈夫（＝倒産しても回収可能）〟という意識が審査を甘くし、そのレベルを低下させた原因といえるかもしれません。

貸出先は建設業、不動産業、そして土地の取得によって事業を拡大していた「そごう」や「ダイエー」に代表される一部の流通業が中心で、要するに不動産関連が多かったことが特徴です。また、地上げが絡むような案件で、銀行本体が貸すことをはばかる貸出は、ノンバンクと呼ばれる別働隊（銀行子会社や関連会社）を通じて行いました。それ以外にも、土地さえもっていれば、ビルを建てることを銀行が勧めて建設資金を貸したりする例がいたるところでみられました。その結末の多くは不良債権となって悲惨な結果を招きました。

バブル経済の絶頂期は、土地のみならず株式市場や絵画等の美術品、ゴルフ会員権の価格も急騰しましたが、バブルがはじけると土地も株価も他の資産価格も急速に下がり始めたのです。

バブルがはじけて土地価格、株価が下がり始めたとき、このままでは危険であるということは銀行も企業も気がついたはずです。しかし、内心気づいていても、欲の皮に引っ張られてか、あるいは値下りは一時的と思ったのか、企業の財テクと銀行の貸出競争はパタッとは止められず、結果的に不良債権を大きくしていきました。バブル期に儲けた成功体験は、危険水域に入ったと気づきながらブレーキを踏めないチキン・レースのようでした。

バブル期の銀行貸出は、事業運営に回る資金ではなく、値上り期待の資産（土地・株式等々）購入のためであり、値上り期待だけに、購入資産の売却代金で回収できるということから、貸出審査はおのずと甘くなっていったのです。

## 第4節　審査部の文化

銀行の貸借対照表における資産の部で最も大きなシェアを占めるのは貸出金、すなわち貸出業務です。また、損益計算書における経常収益のなかで最も大きな金額であるのは貸出金利息です。まさに、貸出業務は銀行の本業であり、利益を得る大黒柱であることは間違いありません。このような重要な貸出業務でありながら、貸出審査の仕事はどれほど重要視されているでしょうか。あるいは審査部の仕事に魅力とやりがいを感じている人はどれほどいるでしょうか。

筆者の経験から申し上げると、バブル期以前の審査部は重要な部門であると認識され、その存在感は大きいものでした。それが、バブル経済に入る直前の頃から審査部の地位は相対的に低下し（第2節で記述）、バブル崩壊後の審査部は再び独立性を確保したものの、存在感と審査業務の重要性に関する認識度はいまひとつ高くなっていないような気がします。それはなぜでしょうか。

規制金利時代における銀行の利益は預金の確保によってもたらされるという認識であり、預金獲得が銀行の最重要な仕事とみられ、銀行ランキングも預金残高の大きい順番に並べられていました。その頃の審査部は、数多くある貸出案件のなかから、回収確実な貸出案件を選ぶことが仕事でした。貸出残高で競争する意識はあまりなかったように記憶しています。むしろ、貸出業務はリスクを回避して経営の健全性を確保することに主眼がありました。いやしくも回収に不安があるような企業には貸出しないというのが基本ポリシーでした。

審査部における企業審査のポイントは、リスクの発見であり、貸出先の選別、選定ともいえます。そこには、審査部が有するノウハウと審査技術の蓄積がありました。リスクを発見すると、詳しい調査や分析を行い、納得できない場合は当該貸出案件を否認することに違和感はそれほどなく、審査部の結論に異論を唱える支店長も数少なかった時代であったように思います。そこに、審査部の〝威厳〟と表現できるような雰囲気があったことも事実です。

審査部に配属される行員は、毎日毎日、貸出稟議書と決算書を数十件もみていると、リスク発見能力は自然と高まり、リスクから企業評価する思考回路ができあがっていくようです。問題点の指摘は企業批評能力となり、リスクに気づかないで貸したいという稟議書を出してきた現場の担当者を見下し、責めるような言い方をする傾向もあったように思います。

時代が金融自由化の流れになり、銀行経営において収益が重要視されるようになっても、審査部は貸出をふやす意識よりリスク発見に目がいくことで、収益マインドが低いとみられるようになりました。かつ、そのリスク発見のための審査に時間がかかることにも批判が起き、クイックレスポンスが時代の主流になるなか、リスクテイクに臆病な審査部は時代の流れに取り残された化石的部署とみられるようになっていきました。

そして、第2節で記したように、事業部制の採用とともに、プロフィットセンター化する組織行動のなか、審査部の独立性は薄くなり、本部内の他部署に比べても相対的地位が落ちていったと思います。バブル時代絶頂期における審査部は暗い時代であったといえるかもしれません。

筆者の個人的な見方によれば、上記のような流れは中国の文化大革命のごとく、収益が伸びないのは審査部に責任があるかのごとく責められ、審査部は自己批判させられるような状況であったといっても過言ではないと思います。貸出ボリュームや収益につながる案件は、企業審査より担保評価を優先し、審査部は営業推進部門の協力部隊となり、独立性は弱まっていきました。

その影響はいまになって大きく出ています。それは、審査能力のレベル低下、審査技術のノウハウ喪失、支店においては貸出業務の本質を忘れた行動、貸出担当者の能力低下、そして貸出業務を通じた取引先との信頼の絆が失われていったのです。企業取引におけるリスク管理能力が失われた時代であったといえます。

銀行はバブル崩壊後、不良債権の処理問題を乗り越えてきました。不良債権の処理は最悪のピークは越えたものの、多くの銀行はバブル経済でないいまの時代においても少なからず不良債権を抱えています。デフレ経済が長引くなか、既存貸出債権の劣化という問題も抱えている現在、銀行における審査部の役割と機能はあらためて見直されつつあると考えています。また、見直さなければいけないと考えます。

いま、失われた二〇年を経て、審査部を取り囲む環境と、銀行組織における審査部の位置づけは変わりました。間接金融のモデルであった資金循環分析における部門別資金の過不足も変化しています。審査部は貸出業務を所管する部署として、貸出業務の「不易」なることをしっかり守りながら、いまの時代に求められる新しい審査のあり方を考え、取り入れていかなければいけません。

## 第5節　新しい審査の目

前節で、昔の審査部はリスクを発見し、リスク内容・リスク対応によって当該貸出案件を否認することが、経営の健全性を確保することにつながるという意識があったと書きました。それは、借入需要が貸出供給を上回る時代であったという背景が考えられます。

しかし、いまは借入需要が貸出供給を下回る時代になったことを意識するならば、審査部といえどもリスク発見だけに終わらず、リスクテイクする方法までを考える審査部に変身することが求められています。これは、リスクを発見してブレーキを踏むだけの審査部ではなく、ブレーキを踏む役割は残しながら、いったん踏んだブレーキから足を離せる工夫までを考える審査部へ変身する必要があると考えます。なぜならば、少ない借入需要をいかに採り上げられるかという知恵比べがこれからの銀行間の競争力の差になると考えるからです。資金需要があるにもかかわらず、リスクがあるからという理由で否決するのでは〝審査力がある〟とはいえない時代になったということを認識する必要があります。重要なことは、どのような条件であれば貸出ができるかという見解＝「一段上の審査力」が問われると思います。それは、貸出先の事業経営にかかわる資金繰り上に関するソルーション（問題解決力）とリスクテイクのノウハウであると考えます。

もちろん、それでもリスクテイクできない案件はあると思います。引当も十分でない場合、リスクを金利で評価するという新しい考え方で貸すことも考える必要があると思います。

そもそも、金利の意味はリスクに応じて価格を設定するという機能があります。リスクが高くなれば、適用金利も高くなっていくものです。その関係をグラフ化すれば、リスク（横軸）が高くなれば金利（縦軸）も高くなることから、（法定上限金利までは）右上がりの直線で示されるはずです（図5の右図を参照）。

しかし、実際に適用金利を決める場合、企業の格付・自己査定に応じて金利を決めるといいながら、その金利格差は小幅ではないでしょうか。その関係をグラフ化する場合、右の図の直線に比べ傾斜角度が小さい直線で示すと、法定上限金利に達するほど高いリスクの貸出は現実には行

図5　リスクに見合ったプライシングへの移行

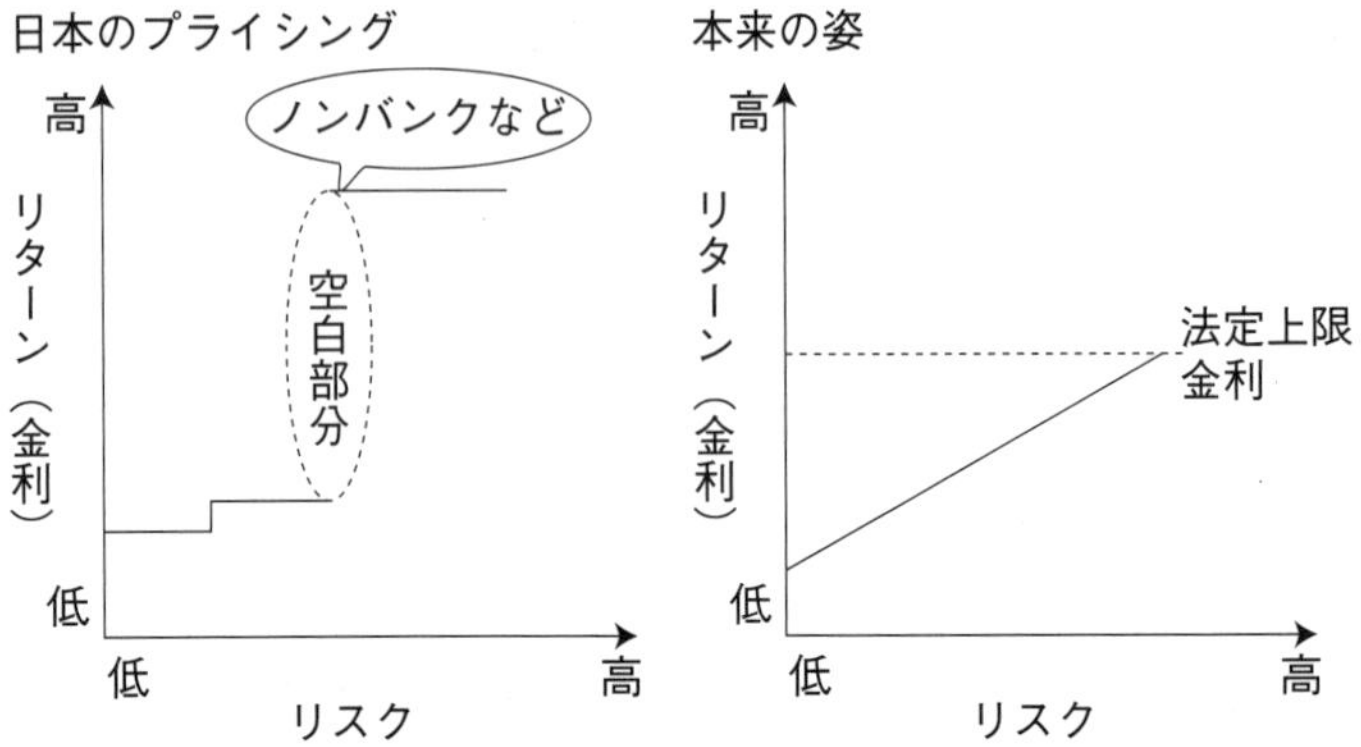


（出所）　川本裕子著『銀行収益革命〔第5刷〕』（2000年8月11日42頁、東洋経済新報社）

われません。実際は左の図に示されるような階段状になるでしょう。ところが、この階段状の線も、現実的にはリスク（横軸）の途中で消えてしまいます（左の図の空白部分）。そして消えた線は、金利（縦軸）が一段と高いところから突然現れるのです。これは、銀行がリスクの高い企業への貸出を行わなくなった場合、企業はかなり高い金利の商工ローンなどから借入せざるをえないことを意味するグラフになります。

さて、リスクを金利で評価するという考え方は論理的には理解されると思いますが、現実的には、自行だけが金利を高くすると、貸出金そのものが他行へ移ってしまうことを懸念して、本心は金利を引き上げたいにもかかわらず、第5章第3節で書いた「囚人のジレンマ」によって金利引上げに踏み切れないのが実態ではないでしょうか。

審査部はリスクを金利で評価するという考え方を定着させる重要な役割があります。金利で利益を得るという基本に立ち返らなくてはいけません。金利引下げ競争で量的拡大を図れば利益を得る時代ではなくなりました。他行に先駆けてリスクを金利で評価することを行った結果、貸出金額が減少することになっても、リスクに応じた金利設定による貸出規模で適正な利益を得ることが銀行経営の基本になると考えます。

このことは、銀行の経営課題であるとともに、貸出先（＝世間）に対して、これが金融の常識的な本来の姿であるということを理解してもらうべきです。そのためには銀行が経済社会において必要な啓蒙活動を行うことも求められると思います。格付機関が債券の評価をするように、貸出債権の流動化問題とあわせ考えたとき、将来、貸出債権を評価する機関（組織）ができることになるかもしれません。そこには、貸出先あるいは案件ごとの信用リスクに応じた貸出金利の設定が求められるようになるはずです。

また、図5（左側）で、適用する金利を示す階段状の線が途中で消えてしまう実態に関しても、銀行がしっかりしたリスクマネジメントを行うことができれば、商工ローンで借りている企業の一部にでも利益率の高い貸出を行うことは可能であると考えられます。

言い換えると、金利は高くても（商工ローンより低いならば）銀行から借りたいという中小零細企業はたくさんいると思います。リスクを金利で評価することで利益率の高い貸出を取り込む知恵と工夫も必要になってくると思います。

## 第6節　新しい審査部が行うべきこと

貸出業務を取り囲む時代の変化の最たることは、第1章でみたとおり、間接金融のモデルが大きく変わったことです。法人部門は資金余剰となり、政府公共部門が恒常的資金不足である資金循環のなかで貸出業務を行うことです。簡単にいえば、借入需要が貸出供給を大きく下回るなかで貸出業務を行うということです。借入需要が貸出供給を大きく上回る時代の審査とは真逆の時代になったことをまず第一に認識しなければなりません。また、デフレ経済が長く続いているなか、既存貸出債権が劣化するという状況にも目配りする審査でなければいけません。

銀行経営者は、銀行が最も重要視しなければいけない審査部について、その役割と機能をあらためて真剣に考える必要性があると思います。審査部は、稟議書をみて貸す・貸さないという審査を行い、貸出の可否を判断する部署というだけであってはいけません。これからの時代の審査部は、次の諸点についても、その役割を果たしていくことが求められるべきと考えます。守りの審査部から変身して、健全な銀行貸出取引を進めるリーダーシップを発揮してもらいたいというのが筆者の考えです。

審査部がリーダーシップをとって遂行してもらいたい点は次の5点です。

① コンプライアンス経営……クレジットポリシーの徹底
② 貸出担当者の育成……人事ローテーション必須経験場所
③ 産業動向・業界の調査……新たな審査技術を磨く
④ 支店の貸出運営指導……支店長権限貸出のチェック
⑤ 貸出先のパートナーとして……信頼の確立・アドバイス機能

これらについて審査部がリーダーシップをとってもらいたい理由を以下に述べてみたいと思います。

## (1) コンプライアンス経営

銀行の経営の基盤は「信用」と「信頼」であるにもかかわらず、「信用」「信頼」を失うような第4章で書いた「恥ずかしい行為」は絶対にやめなければいけません。審査部が〝当行は誠実に王道を歩む真っ当な貸出業務を行う〟ということを明確に宣言し、現場にその実践を促すことが必要です。

常に、正しいか正しくないかを判断基準の軸にして、真に貸出先の事業経営に役立つ貸出業務を行わなければいけません。

そのために、クレジットポリシー・標準手続の遵守・徹底を図ることが基本です。儲けのため、数字目標のため、便利だから、清濁併せ呑む……という言い訳で、コンプライアンス経営に反する行為を許してはいけません。審査部はそれをチェックし、やめさせる機能をもつべきです。

そして、「貸すも親切、貸さぬも親切」を実践することで、真に貸出先の事業経営に資する仕事を行うことが大事であると考えます。

## (2) 貸出担当者の育成

銀行業務の基本である受信業務と与信業務の二つを考えるとき、新人は必ず受信業務である預金係は必須ローテーションにしているのに、与信業務である貸出は必ずしも必須ローテーションに組み込まれていない銀行があります。筆者は、総合職で採用された人は、預金と同様に、貸出業務も必須ローテーションに組み込むべきと考えます（注：後記）。

支店に配属された新入行員を貸出担当者として育成するのは、支店におけるOJTが基本であると考えます。実際問題として、現場のOJTでは育成できないという事情がある場合は、在籍は支店に置きながら、審査部宛トレーニーとして審査部に派遣することで、審査の基本を若いうちから学ばせることが有効であると思います。

たとえば、支店貸付係に籍を置きながら、六カ月間は毎週金曜日は審査部に行き、審査部で基礎知識の集中講義を受けるとともに、稟議書の審査業務の下働きをしながら学ぶという機会を与えるようなことを考えてみてはいかがでしょうか。

（注） 一般職で採用した人にも貸出業務を必須ローテーションに入れることも考えるべきだという意見もあろうかと思います。その議論を行う場合、一般職の人は原則として転居を伴う異動がないという前提では、同じ貸出先に対して、総合職の人より長い期間、担当するケースが出てくると思います。貸出業務は、同じ人が同じ貸出先を長期間担当することのデメリット（なれあい等）も考えあわせる必要があります。ただし、単発的な、住宅ローンの担当であるならば問題は少ないと思います。

## (3) 産業動向・業界の調査

審査部の個別企業審査は財務諸表を中心に、安全性と収益性の分析を主として行っています。一方、技術の発展・進歩や産業構造の変化によっても企業業績は変わります。新しい技術や商品の登場によって、今後の業界動向がどのように変わるかという視点も重要になっています。また、新産業・新技術といわれる業界動向について、旧来の担保主義的視点に頼る審査技術では対応できないこともあります。定量的財務分析だけでなく、産業動向・商品技術評価等の観点から企業をみる目も必要になってきます。その産業調査部的役割を担う部署を審査部内につくることは有益であると考えます。

地銀・第二地銀で独立した産業調査部を有するところはほとんどありません。銀行内に産業調査部門があれば、審査部とダブルチェック体制を敷いたり、企業調査・業界調査の専任者を配して、業界視点から企業をみることができます。産業調査部門がない場合、審査部内に業界動向や商品・技術動向を専門に調べる担当グループ、または専担者を置くことも必要ではないかと考えます。

### (4) 支店の貸出運営指導

どの銀行も、支店長専決権限で決裁可能な貸出の範囲が決められています。その専決権限を超える案件は審査部宛稟議書で貸出の可否の判断を仰ぐ仕組みがほとんどだと思います。

審査部で決裁する稟議案件については、バブル崩壊後に独立性を取り戻した審査部が客観的に審査判断を行います。しかし、支店長権限のもとで行われる貸出判断は、バブル期の事業部長が有していた権限のように、支店の数値目標達成のため審査判断を甘くしたり、本来はブレーキを踏むべき案件にもかかわらず支店長権限でアクセルを踏む支店長がいます。

そのような現場の貸出運営を放任していては、前記(1)(2)の事柄に関して「頭隠して尻隠さず」になりかねません。審査部が定期的に支店に行き、支店長権限貸出の実態チェックを行うことが必要です。

検査部による検査は標準手続と照らし合わせた貸付事務のチェックに終わります。審査部の指導臨店は、支店長権限貸出の個社別ファイル観察と担当者宛ヒアリング等を通して、貸出判断が甘すぎないか、必要な債権保全策の手が打たれているか、攻め・守りのバランスはどうか、クレジットポリシーは遵守されているか、決算分析や管理諸資料はきちんと作成され管理されているか、案件について上下の意見が言い合える雰囲気は確保されているか、人材育成・ＯＪＴは行われているか、等々のことを確認し、必要あらば支店長以下担当者を指導するものです。そのような権限を審査部長にもたせることが必要と思います。

その指導臨店は、支店長の貸出判断の能力および実績評価に結びつけ、その結果は役員宛てに報告するほどに重要視すべきことと思います。審査部が本部通達を出すだけでは支店は変わりません。審査部による支店の直接指導は効果があります。

## (5) 貸出先のパートナーとして

貸出業務が銀行経営の本業であり、利益の柱です。本業である貸出業務を通じて、支店長は貸出先の経営者と当該企業経営について、また日本経済・地域経済について語ることができなければいけません。経済社会は企業が支え、銀行も脇役ながら重要な位置を占めていることから、支店長になるべき人は、中小企業の経営者と同じく企業経営について語れないようでは困ります。むしろ、中小企業経営者以上に企業経営について語れる知識と教養を有していることが望ましいと思います

前記(2)において、貸出担当者の育成のために、審査部を若手のジョブローテーションの一つにする考えを書きました。同じように、初めて支店長として発令する人物には、発令前に審査部に一カ月ないし三カ月程度在籍させて、企業をみる目をもたせることも大事ではないかと考えます。

その主たるねらいは、支店長は銀行の代表としての顔であり、貸出先の経営者との関係は、第一に信頼で結ばれる絆であるべきことから、支店長として業績アップの使命に走りがちなところに、企業取引の良心となるべき冷静な目をもってもらい赴任してもらうことにあります。

支店長には、業績アップを図る意識の前に、地域内（テリトリー）経済を担っている企業経営者の経営アドバイザーとしての意識をもってほしいと考えます。貸出をいくら伸ばすかという目標意識の前に、地域（テリトリー）内経済をどのように考え、銀行として同地域に対してどのような貢献ができるかと考え、貸出先の個社の経営アドバイザーとしての役目を意識してもらいたいという考え方です。そのためには、審査部において企業取引の基本を復習し、赴任店舗の稟議貸出先について勉強していくことも有用かと思います。

## 〔補記〕スコアリングモデル貸出について

本章の「審査部の役割」と直接関係することではありませんが、審査業務の一つの手法としてあるスコアリングモデル貸出について、筆者の意見を述べておきたいと思います。

筆者は、スコアリングモデルを使った貸出運営には批判的意見をもっています。

数年前の新聞報道で、金融庁はスコアリングモデルに基づく貸出を積極的に勧奨しない内容の記事がありました。そもそも、金融庁は地域金融機関に対してリレーションシップバンキングの取組みを提唱していながら、スコアリング取引の活用を勧奨していたこと自体に矛盾があったように思います。

貸出業務には、貸し手である銀行と借り手である企業との間に「情報の非対称性」が存在しています。銀行は貸出先の有する情報を入手し、貸出先の実態把握を進めることで、情報の非対称性を対称性にもっていく努力を行い、貸出判断を行います。事業内容、経営手腕、販売力・生産力、品質・技術力、財務内容等々を見極めて貸出を行うという伝統的貸出手法がリレーションシップバンキングのモデルです。

ところが、スコアリングを活用した貸出は、情報の非対称性を前提にして、債務不履行の発生確率を統計的にとらえて対処する手法です。スコアリングを活用した貸出業務の本質は、リスクとリターンに関する確率的なポートフォリオ管理といえます。これは、前述の伝統的貸出手法に基づくリレーションシップバンキングのモデルとは明らかに異なります。

筆者がスコアリングモデルに基づく貸出を批判する原点は、実質的には企業内容や案件について、審査を行い判断するという人がかかわる行為がなされないことにあります。登録制の貸金業者が小口の消費者ローンを貸し出す際にスコアリングモデルを利用する場合ならばともかく、免許を受けた銀行が事業金融として行う貸出業務は、同じ貸出先であっても案件によって審査の結論は異なることがあります。それを、スコアリングの形式審査のみで貸出実行を行うことは「杜撰」な仕事としかいいようがありません。数字とコンピュータで貸出金額が決まるという仕組みをもって、それを貸出業務というならば、わざわざ内閣総理大臣が法律に基づいて免許を与える銀行業である必然性はないと思います。

『銀行経営の理論と実務』(二〇〇三年、金融財政事情研究会)には、「第12章　戦略的「審査工場」の実務」において次のような記述があります。

「[貸出先は一社たりとも潰してはならない」という発想から、「ある一定の割合(予想デフォルト確率)で貸倒れは必ず発生する」という考え方へ転換を図ることである。要するに、「個社・案件単位での管理」から「予想デフォルト確率に基づくポートフォリオでの管理」へと転換を図る必要がある。経営戦略として、どのような融資ポートフォリオを構築するかということが重要なポイントとなる」（同書四八三頁）

筆者の私見ですが、このような考え方に立つ人たちの多くは、コンサルタントを業とする人、または銀行内でも現場経験がない（あるいは乏しい）本部企画畑の人です。貸出審査を実際に行ったことがない人が、合理化・効率化の発想から頭のなかで考えた〝机上の理論〟であるといえます。

筆者は、スコアリングモデルの貸出を全否定するものではありません。貸出業務における一つのツールとしてあるもので、その利用する範囲は限定される（たとえば、金額一〇〇万円以下の消費者ローン）という考えです。法人企業の事業資金としての貸出にスコアリングモデルを利用することは無理があります。なぜならば、事業資金貸出の内容、質は規格化することはできないし、十人十色どころか千人千色の事情背景が異なるからです。

そして何より問題なのは、貸出担当者が育たないということです。貸出判断を行わないばかりか、貸倒れが出ても責任を感じない担当者になっています。そして、この制度を悪用して借入する企業があり、予想デフォルト確率は「想定外」に大きくなっているからです。

スコアリングモデルを活用して貸出を大きく伸ばした銀行の多くで、予想以上に多額の不良債権が出ていると聞きます。そこには、決算書を改ざんするブローカーもいるからです。

# 第13章

# 貸出担当者の育成

# 第1節　無免許運転は行わせない

筆者は、全国の金融機関を回って貸出研修の講師を行っていますが、いちばん気がかりに思うことは、支店長から担当者まで、貸出業務に関する知識レベルが低いと感じることです。辛口の一言でいえば、支店長から担当者まで貸出業務を担うレベルに至っていない人が多いということです。

特に気づいたことは、銀行取引約定書の条文を含めて法律知識の勉強が足りないことです。また、貸出先のために働くという意識は低く、目標数字の達成を意識して行動している人が多いことにも違和感を覚えました。言い換えると、貸出先から銀行をみた場合、わが社のために働いてくれているという感じはなく、相談相手としても頼りないと思っているのではないでしょうか。これで、銀行と貸出先との間に信頼という絆があるのだろうかと懸念する次第です。

日本経済は一九九一年にバブルが崩壊してから低成長が続いています。あれから「失われた二〇年」が過ぎました。この間に一九の銀行が破綻し、一〇〇兆円を超える不良債権の処理が行われました。

しかし、銀行は数字に表れない、目にみえない負の遺産をまだ抱えています。それは、銀行の収益柱である貸出業務について、審査能力と担当者のレベルが大きく落ちたことです。この回復はいまだにできていません。

第3章で、銀行業は免許事業であることから、貸出業務もしかるべき能力レベルをもつ人に行わせることが必要であると書きました。銀行は銀行業の免許を受けていながら、貸出業務に関して、同業務を行うことができるレベルに至っていない人に担当させているということは、無免許運転を容認しているようなものだと書きました。銀行は、免許事業の重要な柱である貸出業務を担当させる人たちには、貸出業務を行うレベルに至るまでの教育指導を行う責務があるとも書きました。経営陣は、現場で貸出業務を行っている人たちの業務遂行能力レベルを正しく把握しているでしょうか。

役員、支店長等の管理監督者は、いま一度、第3章「堕ちた担当者のレベル」と、第4章「恥ずかしい行為」を読み返してください。決算書が読めない、銀行取引約定書の内容を知らない人がたくさんいる現実を知らなければいけません。

バブル時期の貸出業務は、部門別・事業別に収益が最優先される行動に陥ったため貸出審査がおろそかにされました。土地等の担保評価額に過度に依存して、貸出残高の積上競争に走りました。筆者にいわせれば、当時の貸出業務は、現場の担当者に無免許運転を許し、スピード違反することにも目をつむり、早く目的地にゴールする者を優秀なドライバーといっていたようなものです。そしてその結果、多額の不良債権の山をつくったのです。

バブルが崩壊して二〇年も経ったいまも、貸出業務において無免許運転でスピード違反をしている人がいます。金融庁から指摘され、指導を受ける前に、銀行（経営）自らが、そのような貸出業務は許さないという姿勢を明確に示し、自ら解決のための具体策をとるべきではないでしょうか。

## 第2節　人材を育成する意味

そもそも、貸出業務の担当者を育成するということに、役員・支店長であるあなたはどれほどの関心をもっていますか。あるいは、その責務の重要性を感じていますか。

人材育成の重要性について異論を唱える人はいないと思います。しかし、実際に育成に励んでいる人はどれだけいるでしょうか。まず、人材を育成する意味について正しい考え方をもっていただきたいと思います。

人を育てるということは、部下である人の能力を向上させ、将来の有為な人材にするために行う「無償の行為」です。人材の育成は明日の戦力アップにつながります。そして、自分を超えていく人を育てなければいけません。

金融業界を取り囲む環境や時代の変化が激しいなか、また数年・数十年という将来、自分が経験したことがない問題が生じたとき、それに挑戦し、対処し、克服できる力を備える人材を育てることが必要です。

「忙しくて部下の育成まで手が回らない」という人がいます。人を育てることは、忙しい忙しくないということとは関係ありません。そのようにいう人は、部下の育成は仕事の場を離れて教育するというイメージをもっているのではないでしょうか。貸出業務の担当者を育成するのに、仕事以外に特別の時間と場所を設ける必要はありません。「忙しいから～」という言葉は、誤った認識のもとでの言い訳にすぎません。

また、「業績を上げればボーナスに跳ね返るが、部下を育成してもペイしない」という人がいます。しかし、この考え方は根本的に間違っています。そのようなことを公言する人は、管理監督者としての資格はありません。育成料というものは給料のなかに入っていると考え、部下の育成は管理監督者として当然行わなければいけない責務であると認識しなければいけません。

人は育てるものです。人は育つものではありません。

## 第3節　いままでの人材育成

銀行経営における「貸出業務の担当者育成」という課題に関して、成功してうまくいっているという話は聞いたことがありません。それは、「貸出業務の担当者育成」という経営課題に対して、何も手を打っていないのか、対策は打ったがうまくいっていないのか、どちらでしょう。多くの銀行は、ＨＰに「人材育成」という命題を掲げています。したがって、おそらくは対策は掲げながらも成果があがっていないということかもしれません。「教育研修システムの構築」というスローガンを掲げながらも、実効があがっていないようです。

支店長は、経営から「支店でのＯＪＴが大事」といわれながら、ＯＪＴを行っていなくても、経営から責められません。支店長が責められるのは業績であって、ＯＪＴは責められません。支店長が「忙しくてそこまで手が回りません」といえば、「そうかもしれない、それより業績だ……」というのが本部の本音でしょう。いつまでたってもＯＪＴという施策は空回りするだけです。

研修所（研修課）は、貸出業務に関する研修プログラムを組み、研修を行うことが仕事であり、研修の成果やその後のフォローに関心は薄いと思います。担当者を数日ないし一週間程度の研修プログラムに参加させれば、貸出業務に関する知識や能力がレベルアップすると思っていたら大間違いです。集合研修に参加しても、研修終了後一カ月もすれば、研修で教えた知識のほとんどは忘れ、身につくものは少ないということを知るべきです。受講者に研修で配布したレジュメ・資料は、研修が終わった日に自宅に持ち帰り、机のなかに眠るだけです。研修資料を支店にもってきて、研修内容・成果を発表したり、研修資料を利用して支店内で勉強会を行うなど、研修内容を活かす工夫はほとんど行われていないと思います。

自己啓発にしても、真剣に身につく勉強をしている人はどれだけいるでしょうか。

「貸出業務の担当者育成」という課題は、具体策の企画・実施だけでは不十分です。支店と研修所と審査部が、それぞれの役割分担と責任を明確にして、大事なことは具体策実施後のフォロー体制にあると考えます。

そして何よりも問題なことは、「貸出業務の担当者育成」という使命を担わせることができる人材がいない、少ないということではないでしょうか。人材育成が進んでいないことを憂う前に、銀行に人を育てる能力があるかどうか検証することが先かと思います。

# 第4節　支店で行う貸出業務の担当者育成

そもそも銀行業は、受信業務の預金と与信業務の貸出が本業の双璧です。にもかかわらず、支店に配属した新人に対するジョブ・ローテーションをみると、預金業務は必須ながら、貸出業務を配属店で必ずしも経験させているとは限らないようです。貸出業務の担当者育成に関して、まず基本とすることは、総合職で採用した者に対して、貸出業務を必須とするジョブ・ローテーションを組むことが必要です。

本節では、支店で行う貸出業務の担当者育成の施策について考えてみます。

(1)　最初の配属店において、一年間は貸出業務の基礎を学ばせます。

その試案（となる原案の位置づけ）を以下のとおり考えてみました。

○最初の六カ月間

・貸付（融資）事務を担当させる。

～貸付（融資）事務の重要性を認識させ、事務を覚えさせる。

・この六カ月の間に研修所が行う集合研修に数回行かせて、財務分析と法律の基礎を身につけさせる。集合研修で教えた財務分析と法律の基礎知識に関しては、後日に試験を実施する。必要最低点に届かない者には、最低点に届くまで追試験を行う。この試験に合格しないと渉外担当にさせない（自動車運転免許における法令試験合格を必須資格とすると同じ考え方）。

○後半の六カ月間

・貸出先を担当させる。また指導責任者（先輩）を指名する。
～指導責任者（先輩）によるＯＪＴ（＝徒弟制度）実施

・週一日（たとえば金曜日）は審査部へトレーニーとして行かせる。
～トレーニーの使い方は基本的に審査部に任せるが……、主たるねらいは、審査ラインが行っている仕事を知ってもらうと同時に、審査部全体の方向性や考え方に触れさせる。

⑵　支店（あるいはブロック）ごとに、貸出業務に関する勉強会を実施する。

いわゆる、支店（ブロック）を「塾」にして、適宜・タイムリーな事例を取り上げて、全員が参加し、定例的・継続的な勉強会を行う。開催や参加に無理がないように、時間も短く（できれば三〇分、長くても一時間以内）、講師役も持回りとする。

集合研修に参加した者を講師として、研修資料をもとに自分が学んだことを他の者に話させることは、自身の復習になるとともに、研修内容を全員が共有するよい機会になる。

# 第5節　研修所の役割

貸出業務の担当者育成に関して、研修所が主役になることはありません。研修所が行う研修プログラムに参加させれば貸出担当者が育つと思っていたら間違いです。集合研修によって貸出担当者は育ちません。

なぜならば、貸出業務の担当者育成という命題は、時間をかけて個人を育てることに目的があります。短期間に集合研修を行って多くの人たちを一括して育てることができるというものではありません。貸出業務の担当者を育成する仕事は、支店が請け負い、手づくりで受注生産するように大切に行うことが基本になります。

それでは、研修所の役割はどこにあるのでしょうか。それは、まさに研修所の特性を活かした集合研修にあります。

前節でも触れましたが、新入行員に対する研修としては、集合研修で財務分析と法律の基礎を徹底的に教えることが大事です。そして、前節で書いたように、財務分析と法律の基礎は重要であることから、試験を行い理解度を各人ごとに確認することが必要です。

多くの研修所は、研修プログラムを組み、研修を実施することが役割であり、それ以上のことは行っていないのが実際ではないでしょうか。筆者は、それでは研修の効果は出ないと思います。研修所は研修を実施したことで役目を果たしたと思い、受講生は研修に参加すればいいというように、双方がそれぞれ「実施」「参加」を形式的にすませれば役目と責任を果たしたということで終わっています。研修を実施すれば役割は終わった。あとは本人の問題であるという考え方は改めてください。研修で大事なことは、確実に研修内容を理解させ、覚えさせ、それを現場で役立つようにすることです。そのためには、研修内容の理解度をチェックするために試験を行い、試験で必要最低点に届かない人には追試験を行うぐらいに徹底することが大事であると考えます。

さらに、研修所は受講生に対して、研修で勉強したことは、必ず支店に持ち帰らせ、勉強会で発表させるとか、研修レポートを提出させるように指導することまで行ってほしいと思います。

研修所の本質的な役割は、研修プログラムの企画と研修の開催ではありません。研修内容の成果にあります。参加者に研修内容を身につけさせ、レベルアップを図ることに本質的役割があるということを肝に銘じて、それなりにアフターフォローを含めた厳しい研修を企画し、行ってほしいと思います。

# 第6節　審査部宛トレーニー制度

審査部の主な役割は、貸出審査にあり、審査能力のレベルアップにあります。しかし、筆者は前章において、「新しい審査の目」「新しい審査部が行うべきこと」を書きました。それは、開かれた審査部、支店が気安くコミュニケーションを図ることができる審査部、そして真っ当な企業取引を推進するための良心をもつ部として変わる必要性があると考えたからです。

その一環として、貸出業務の担当者育成について、審査部にもその役割の一端を担ってもらうことで、支店から近い存在のイメージに変身してほしいと思います。具体的には、トレーニーを受け入れることから始めてみてはいかがでしょうか。

一つは、第3節で触れたとおり、新人の配属店教育ローテーションの一環として、週一日トレーニー制度の採用です。その主たるねらいは、審査ラインが行っている仕事を知ってもらうことです。同時に、審査部全体の方向性や貸出審査の考え方に触れさせることです。支店におけるOJTでは、どちらかといえばアクセル的な考え方から教育されがちですが、週一日審査部に行くことで、審査部の人を多く知り、審査部アレルギーをなくし、ブレーキ的な考え方にも触れることで、貸出判断の入り口でバランス感覚を身につけさせたいという考え方です。

もう一つは、新任支店長として発令するとき、一〜三カ月程度くらいの期間を審査部に在籍させるという考えです。これについては、前章第6節の⑸でも触れました。

支店長は貸出先の経営者から信頼されることが第一であると考え、業績アップの使命にはやる気持ちを抑え、企業取引の良心となる冷静に企業をみる目を再確認してもらうことにあります。いまは、優良企業に対する貸出が大きく伸びる時代ではありません。むしろ、既存貸出債権の劣化にも注意をしながら貸出運営を行わなければいけません。そこで「守りの貸出」意識も重要になります。支店長として、貸出先の個社の経営に関して的確なアドバイスができる役目を意識して、企業取引の基本を復習し、審査部の目を再確認してほしいと考えます。

## 第7節　アナクロニズム教育

アナクロニズムとは時代錯誤という意味です。えっ、何のこと？　と思うかもしれません。貸出担当者の育成に関して、筆者はあえてアナクロニズム教育の取入れを提案するものです。

筆者は、第3章で「堕ちた担当者のレベル」について書きました。同章第3節でその原因の一つに〝技術の進歩に依存しているため〟をあげました。それは、効率化・合理化という目的のために、コンピュータを利用してさまざまな作業や事務を自動化した結果の副作用であるといえます。

典型的なのは、コンピュータによる決算分析と取引先概要表の自動作成です。たしかに、担当者が決算分析に費やす時間の効率化・合理化は図られました。それにより、担当者は貸出先の決算分析を自ら行わなくなりました。その結果、決算書が読めない担当者がふえました。貸出業務の基本中の基本である決算分析ができない、分析手法を知らない担当者がたくさんいます。コンピュータによる決算分析についても、結果の評点をみて、異常値を示すコメントだけを拾い読みして終わり、ということになっていませんか。評点の数字をみて、〝六〇点以上なら倒産しない〟という思い込みが先行しているようです。これでよいのでしょうか。

取引先概要表も自動作成されるようになって、担当者は概要表の記載項目、すなわち貸出先の企業の概要についてよく知らない担当者になっています。昔は、概要表を作成するため、担当者は各項目について事実・内容を確認しながら手作業で書くことで、自然と覚えられました。しかし、いまは自動作成された概要表をながめる程度で、項目を精読する担当者はほとんどいません。項目内容に変化、変更があっても気づかないまま放置されている概要表をみかけますが、これでよいのでしょうか。

そこで筆者は、新人担当者の教育期間において、少なくとも決算分析と取引先概要表の作成に関しては、手作業で行わせる＝アナクロニズム教育を取り入れることを提案するものです。決算分析を手作業で行わせることで、決算書を読む訓練をさせます。取引先概要表を手書きで作成させることで、概要表の記載項目の定義・意味を考えさせ、記載すべき内容を調べる経験が貸出先のことを知る勉強になります。

銀行として、コンピュータによる決算分析と取引先概要表の自動作成は続けることに異論はありません。しかし、最初からできあがった資料をみるだけでは、決算書が読めない担当者になってしまいます。夕飯のおかずを毎日スーパーの総菜を買って来てすませる主婦は、自ら料理ができなくなり、子供に料理のつくり方を教えることができなくなるのと同じです。

効率化・合理化のねらいは、時間をつくることにあったはずです。コンピュータによる決算分析と取引先概要表の自動作成によって、どれほど効率化・合理化の成果があがったかという数字的結果について筆者は詳しく知りませんが、むしろその副作用としての弊害が目立っていることに問題意識を感じています。それは担当者のレベル低下です。便利さに慣れて、基本的な仕組みがわからないようでは、人材育成において本末転倒かと思います。新人教育の期間においてアナクロニズム教育を取り入れることは無駄にはならないと考えます。

## 寄り道　松下幸之助「人をいかに育てるか」

江口克彦著『人徳経営のすすめ』（二〇〇二年、PHP文庫）

〝松下幸之助がある人事課長にこう尋ねた。

「きみがお得意さんへ行って、松下電器は何をつくっているところか、と尋ねられたら、どう答えるんや」

「はい、電器製品をつくっております、と答えます」

それを聞いた松下幸之助の声は一段と大きく、かつ厳しくなったという。

「そんなこと言うとるからあかんのや。……人を育てるのが会社の仕事である、ということがちっともわかっていない。だからそんな答え方をする。松下電器は何をつくっている会社かと尋ねられたら、松下電器は人をつくっている会社です、あわせて電器製品をつくっております、と答えられないといかん。そう答えられんのは、きみらが人の育成に関心が薄いからだ」

机を叩きながらの熱弁が続いた。その迫力に、松下幸之助の人材育成にかける凄まじいまでの思いを感じさせられたという。

松下幸之助は、……「松下電器は物をつくる前に人をつくる会社」「品質管理は人質管理である」ということを言い続けてきた。何よりも優先して、人を育てることに取り組んできたのである。〟（同書一六六～一六七頁）

～銀行は〝人が財産〟といっていますが、〝人を育てている〟と自信をもっていえる管理監督者はどれだけいるでしょうか。「銀行は何をする会社か?」と問われ、「たくさん金を貸すとほめられるところや!」というような部下になっていませんか……⁉

# エピローグ

# 「信質」の追求

## 「信質」ということ

本書を書き始めてしばらくしたあるとき、筆者の脳裏に、突然「信質」という言葉が浮かびました。広辞苑にもそんな言葉は載っていません。「信質」という言葉は筆者の造語です。なぜ、「信質」という言葉が思い浮かんだのでしょうか。だれも知らない、使われたことがない、聞いたこともない言葉です。しかし、貸出業務に携わる人であれば、「信質」という文字をみると、なんとなく浮かぶイメージがあると思います。

## 「信」と「質」の字義

「信」の字は、言行にウソ偽りのない「まこと」の意味があります。

論語には「信」を使った次のような言葉があります。

「人に信なくば、その可なるを知らざるなり」（為政第二）

〜意味は、〃人として信義がなければ、うまくやっていけるはずがない〃

「信なくば立たず」（顔淵第十二）

〜意味は、〃人民に信がなければ安定しない〃

「言必ず信、行必ず果」（子路第十三）

〜意味は、〃言うことにウソがなく、行うことは約束通り実行する〃

漢和辞典で「信」の字を引くと、字義の、まこと・まごころ・うそいつわりがないという意味から「信義」「信実」という語があり、ほんとうだと判断して疑わないという意味から「信用」「信頼」「信任」「確信」という語があります。

「質」の字義は、生まれつきという意味から「資質」「体質」という語があり、ものの本来の中身・根本という意味から「本質」「実質」という語があります。そして、「信」と「質」という漢字の解字には、ともに「まこと」の意味を表すと書かれています（『現代漢和辞典〔一九九七年版〕』大修館書店）。

「信」と「質」の両方を使った論語に次のような言葉があります。

「義を以て質と為し、礼を以て之を行い、孫を以て之を出だし、信を以て之を成す」（衛霊公第十五）

～意味は、孔子は次のようにいいました。「正義を根本とし、礼に従って行動し、謙遜の心で発言し、誠実さで自分を完成させる」と。

## 「信質」の意味

貸出業務の基盤は、いうまでもなく銀行と貸出先との間に「信用」と「信頼」の絆（関係）が存在することです。貸出業務に携わる者は貸出先に対して「信義」「誠実」の心をもって接しなければいけません。

また、貸出業務の遂行にあたっては、同業務の「本質」を理解したうえで「真っ当な貸出」を行わなければいけません。「真っ当な貸出業務」を遂行することによる業務の「質」の問題は、銀行と貸出先の両者が共通の認識として理解し合える思想であるといえます。銀行と貸出先は、債権者と債務者として取引上は相対立する立場ですが、貸出業務に関する「質」の問題は同次元に位置する概念でなければいけないからです。

一般的に、「質」とは、品物の質、サービスの質を指しますが、貸出業務の「質」を考える場合は、業務の質だけではなく、それを行う担当者の質についても包括してみなければいけません。すなわち、貸出業務における「質」の管理は、業務内容にとどまらず担当者の問題でもあるとして受け止める必要があります。

松下幸之助は、〝ものづくりは人づくりから〟という考えから、「品質管理は人質管理である」と言い続けていたといいます（前章「寄り道」）。銀行の貸出業務において、松下幸之助が言わんとする意味を表す言葉は何といえばよいでしょうか。

銀行の財産は「人」であることから、貸出業務に携わる人に求めることは「信用」「信頼」であり、その貸出業務について求めることは正しい考え方の「質」と、それを遂行する人のレベル＝「質」も重要であるという考えから「信質」という言葉をつくりました。

時代の流れのなかで不易なることは、「信用」と「信頼」は当然のこととして、貸出業務の「質」の大切さと、それを貸出先の視点で考えることができる人の「質」です。人を育てる方向も質が第一であり、貸出先が満足するベクトルに合っているかどうかが重要なのです。

銀行は「顧客第一」「顧客満足」というスローガンを掲げていますが、貸出先に対する銀行の行動は、銀行が自己満足しても、それが貸出先にとっての満足につながっているとは必ずしもいえないことがあります。それは「顧客第一」「顧客満足」という言葉は銀行目線によるものであるからです。しかし、「信質第一」といえば、銀行も貸出先もわかる共通語になりえると思います。満足度を数字で評価する前に、質の管理をしっかり行うことのほうが重要であると考えます。

## なぜ「信質」にこだわるのか

日本に銀行制度が生まれてから約一四〇年がたちます。日本経済の発展とともに銀行の地位と役割は、先人たちの先輩諸氏によってつくられ、継承され、信用と信頼というコンセプトで磨かれてきました。それは、経済社会において受け継がれてきた「信質ＤＮＡ」といえるものではないかと考えます。

筆者は、一九七三〜二〇〇一年までの二九年間を銀行に勤めました。日本経済の安定成長期、バブル経済期、そしてバブル崩壊後の低成長期で銀行業務を経験しました。それは、護送船団方式の規制時代から、金融自由化という変化を経験し、不良債権処理までの時代でした。

いま、銀行を卒業して一〇年がたち、筆者なりに銀行の貸出業務について、内と外からみて思うことは、銀行における「信質ＤＮＡ」の存在が感じられなくなってきたということです。はっきりいえば、銀行の貸出業務のレベルは明らかに低下し、経済社会における銀行の地位、言い換えると企業からみる銀行に対する信頼度はかなり落ちていると思われます。

それが顕著に現れているのは、貸出担当者の能力レベルの低下です。決算書を読むことができない、銀行取引約定書の内容を理解していない、貸出先の経営状態や事業内容について話すことができない、等々のレベルの人があまりに多いことに驚きます。また、貸出先に情報提供や付加価値を与えることを行わず、関心事は目標数字の達成にあり、そのために金利引下げ競争に走り、コンプライアンスやモラルに反する行為も行われている現実をみるとき、筆者は恥ずかしいと感じるより、悲しくなります。

そもそも、銀行における貸出業務の「信質ＤＮＡ」を育むものは、銀行の歴史と文化であると考えます。いま、信用と信頼というコンセプトで磨かれてきた「信質ＤＮＡ」は、成果主義による「数字ＤＮＡ」というかたちに突然変異したように感じます。

筆者はそこに危機感を抱いています。銀行の貸出業務は「信質ＤＮＡ」によってのみ信用と信頼を取り戻せるという考え方から、「信質」にこだわった貸出業務のあり方を復活させたいという考え方から本書を著した次第です。銀行が信用と信頼を取り戻すためには〝「信質」の追求〟こそが、最も重要であると考えます。

## 信用と信頼という財産

銀行のもつ信用と信頼という財産は、つくりあげるまでに数十年ないし一〇〇年以上かけて、先人たち先輩諸氏が努力して築いてきた賜物です。しかしそれが壊れるのは、あっという間です。

現在、どの銀行においても、信用と信頼という財産が壊れつつあります。貸出業務の成果と実績について数字でしか語ることができない人たちでは、壊れつつある文化と担当者のレベルの低さに気づいていないようです。前著『貸出業務の王道』では「唄を忘れた金糸雀」の歌詞を書いて、現状を憂い警告しましたが、まさに経営を担う人たちが「ゆでガエル」シンドロームの状態になっています。

銀行の歴史と文化を受け継いでいくのは「信質ＤＮＡ」であると考えますが、「数字ＤＮＡ」で育ってきた人たちは「信質ＤＮＡ」を軽視する風潮さえみられます。銀行のもつ信用と信頼という財産こそが価値ある宝であることさえわからなくなってしまったようです。収益と効率化を追い求めるあまり、大切な宝箱の鍵は何なのかを忘れてしまっているようです。残念です。きわめて残念です。信用と信頼という宝を持腐れ状態にしたままではいけません。

いま一度、「真っ当な貸出」を行うことで、「信質ＤＮＡ」を取り戻してほしいと思います。

## 組織と人間に求める「信質」

銀行組織、そして貸出業務に携わる人の両方に「信質」意識をもっていただき、「真っ当な貸出」を実践することで、経済社会から銀行の「信質」が認められるようになってほしいと思います。人材を育成していない銀行に「信質」管理はできません。

人間には、勤勉・努力・真面目さ・誠実さ・思いやる心というものがあります。一人ひとりの人間が「信質」ある行動をとることで、組織も「信質」を取り戻します。まずは個人の意識改革から始めなくてはいけません。

「信質ＤＮＡ」が薄れてきたのは、バブル経済以降であると思います。過ぎたことは仕方ありません。いまこれを反省すべき移行期ととらえ、再び銀行が信用と信頼に満ちた宝を取り戻す努力―ルネサンス―を始めることが大事です。まさにそれこそが、〝「信質」の追求〞であります。「信質」なくして、銀行の健全経営はありません。

筆者は、銀行・銀行員は、基本的には潜在的によき「信質ＤＮＡ」をもっていると信じています。そのもっている「信質ＤＮＡ」を復活させることが、銀行だけでなく、日本経済をよくすることにつながると考えます。

メーカーには必ず「品質保証部」があります。銀行に「信質保証部」という発想は出てこないのでしょうか。真にコンプライアンス経営、サンドバンキングを志向する銀行であるならば、そのような発想があっても不思議ではないと思いますが……。

## 締め括りのメッセージ

本書を締め括る筆者の最後のメッセージは次のとおりです。

貸出業務を遂行するとき、貸出先に対して、上司に対して、自分自身に対して、考え方が混乱したり、追い込まれたり、どうしたらよいか悩むとき、だれもが行きづまり、心が揺らぎ、迷うときがあります。そのようなとき、どのようにしたらいいでしょうか。何を足場にして考えればいいでしょうか。

筆者は「筋を通す」ことが重要であると考えます。複雑な問題に陥ったときは、袋小路に入り込んで考えるのをいったんやめて、全体を俯瞰できる位置に立って、問題を大きな目でとらえ直してみてください。あるいは、問題を単純化して考え直してみてください。そして、「正しい考え方」「本質」をキーワードにして、倫理的に筋を通して考え、自ら「正論」を導き出すことが大事です。そのとき、自分自身に係る目先の利害（成果・評価に対する意識や人間関係等）を持ち込んではいけません。ポイントは、人として恥ずかしいことはしていないか、胸に手を当てて考え、そして最後に、腹をくくれば、怖いことは何もありません。

銀行という組織のなかで、数字的成果をあげて評価を得ることを目的に、自分のために働くのではなく、貸出先を思いやり、正直・誠実な対応で王道を歩むことが、人間として大事であると考えます。

人間に品性があるように、銀行も品格が正しく、凛とした銀行でなければいけません。〝あの銀行は信頼できる〟〝この銀行と取引していることは自慢であり、誇りだ〟……といわしめる銀行で働く喜びを味わうことが幸せであると確信します。そのためには、自らを高めることに努め、真っ当な貸出を行えば、時間がかかったとしても結果は後から必ずついてきます。

〝信質の追求〟が銀行が生き返る唯一の道であり、銀行の真の実力と業績は〝信質の追求〟の結果得られるものです。これが筆者の結論です。

〔著者略歴〕

**吉田重雄**（よしだ　しげお）

1950年東京生まれ。

1973年早稲田大学政治経済学部卒業、同年三菱銀行入行。板橋支店長、融資第一部次長、融資第二部次長、仙台支店長、秋葉原支店長を経て、2001年6月東京三菱銀行を退職。現在は株式会社日本国債清算機関で常勤監査役を務める。

著書に『事例に学ぶ貸出判断の勘所』『事例に学ぶ貸出先実態把握の勘所』『事例に学ぶ貸出担当者育成の勘所』『貸出業務の王道』（以上、金融財政事情研究会）がある。


貸出業務の信質《しんしつ》

——貸出業務に携わる人の矜持

平成24年6月29日　第1刷発行

著　者　吉　田　重　雄

発行者　倉　田　　　勲

印刷所　図書印刷株式会社

〒160-8520　東京都新宿区南元町19

発　行　所　**一般社団法人 金融財政事情研究会**

編 集 部　TEL03(3355)2251　FAX03(3357)7416

販　　売　**株式会社 き ん ざ い**

販売受付　TEL03(3358)2891　FAX03(3358)0037

URL http://www.kinzai.jp/





ISBN978-4-322-12126-1